黒字へ飛躍!
もっと稼げる自宅教室の集客・成約バイブル

理想の顧客を確実に獲得し、利益を2倍にする方法

高橋 貴子 *Takako Takahashi*

株式会社 Libra Creation 代表取締役
“飛常識”な経営コンサルタント

合同フォレスト

Introduction

答えはすでにあなたがもっている

あなたの叶えたい願いは、どうしたら叶えることができるのか。
【答えはすでにあなたがもっている】
そんなふうに言ったら、あなたは信じるだろうか？

いつでも幸せをつかむ人の絶対法則がある。
それは、「自分を信じる力」をもつこと。

誰かに何かを言われたって、誰かにダメだと言われたって、
やっぱりやりたいことはやりたい！

そんな内側からあふれる強い想いは、
未来を引き寄せるエネルギーになる。

自分を信じる力は、未来を切り開く勇気。
叶えたい未来をつかむ準備はもうできている。
だから後は、自分の内側にすでに存在している答えに耳を傾けるだけ。

【本当にほしいもの】に貪欲に生きよう!

かっこ悪い?
そんなのどうでもよくない?

一回きりのあなたの人生は、
誰のものでもないたった一つのあなたの人生。

もしもあなたが常識に縛られない〝飛常識〟な世界を望むなら
2次元的な縛りから解き放たれた、未来へ羽ばたく自由の翼を手に入れることができる。

はじめに　～10年続く教室作りのために必要なこと～

●目的と手段の違いをしっかりと認識する

「私、全然集客できないんです。どうしたらいいでしょうか？」

教室の先生をコンサルティングする私の元には、このような相談が多く寄せられます。

もちろん、私がアドバイスする方向性はさまざまです。

たとえば、一番スタンダードな形は、次のようなアドバイスです。

・現状把握を一緒に行い、問題点を見つける。

・解決するべき問題に対して、本人がもっている知識、経験、個性、得意・不得意を考慮して、課題を見つけ、実践計画を最適化する。

ある時、相談に乗るなかで気づいたことがありました。

それは、

【売り上げが上がらないのは必ずしも集客が原因ではない】ということだったのです。

私の元を訪れる先生のほとんどは、「集客」が問題であると思っている場合が多いのですが、実際にお話を分析していると、【集客】そのものよりも、【成約】のプロセスに問題が多いことがわかってきました。

事業でマネタイズ（収益化）する部分で、最も重要視されるべきポイントは「成約率」です。「集客量」もある程度必要ですが、それよりも「成約」ができなければ、どんなに「集客」しても、「穴の開いたザルに水を流し続ける」状態を作ってしまいます。

それにもかかわらず、「売り上げを上げるためにはとにかく集客だ」と思っている方が多いことに驚きます。売り上げをきちんと立てたいならば、実際に「申し込みをいただくこと」＝【成約】が必要です。

そして、「集客」は「成約」ための必要最低限の活動であるものの、最重要項目ではなく、むしろ、成約のための通過プロセス（手段）であることを再認識してください。

目的が【売り上げを上げること】ならば、「集客」だけに固執せず、ゴールの部分に一番近い場所である「成約」ができるようになると、ほしい結果が早く手に入ります。

山登りのルートが数通りあるように、売り上げアップのための手段も数通りあります。

その一つが「集客量」ですが、それよりもインパクトが大きくて成果がすぐに出るのは「成約率」を改善することです。


ここで、改めて【集客】と【成約】の違いについてお話しします。

●集客と成約の違いを理解する

「集客」とは、「お客さまを集める」ということ。

「成約」とは、「約束が成り立つ」（契約）ということ。


なじみのない方には、同じことのように思えるかもしれませんが、その役割はまったく違います。

ＷＥＢが得意な分野は、主に「集客」の部分ですが、「成約」の部分においては、特に対人関係が重要な要素になる「教室事業」では、「対面・接客」などのアナログ的な働き掛けが成否を決めていきます。


ですから、少し残酷な事実をお伝えすると、

「成約できる対人関係のスキルがない先生は、いくら集客を頑張っても売り上げが上がらない」ということになります。


これは私のクライアントにあった実際の事例です。

たとえば、
・お問い合わせが年間20件以上あって、成約が0件の教室
・お問い合わせが3件で、それが3件ともすべて決まる教室
このように比較してみると、成約率のもつインパクトがリアルに感じられるかと思います。

小売でいえば、1個10万円の商品を扱っていて、月に20件問い合わせがあっても成約しなければ、売り上げは「ゼロ」です。たった3件でも、すべて成約するなら売り上げは「30万円」になります。

この例から、「成約率」がいかに大切であるかを理解できると思います。

●集客力と成約力を手に入れる

さて、前著『趣味から卒業！　しっかり稼げる自宅教室の開業・集客バイブル』（合同フォレスト）では、教室事業の成功の基本として集客力を身につけるノウハウをご紹介しましたが、本書はそのスキルアップ版として執筆したものです。

本書をお読みいただくだけでも、皆さんの教室開業・事業運営に直接役立つ内容になっていると思いますが、集客力がゼロではせっかくの「成約力」も発揮することができません。できれば前著を併せてお読みいただければ、より総合的な教室開業・事業運営のノウウハウを手に入れることができると思います。

前著でも紹介しましたが、私は「迷える教室の先生」のコンサルティングをするために、自分がそんなに得意な領域ではない「自宅パン教室」を実際に運営したコンサルタントです。その結果、自分で決めた目標どおりに開業3年で、全国から生徒さんが訪れる、いつでも満席の人気教室にすることができました。

22年間、営業職に携わり、トップセールスとして営業部長を務めた経験を基に、自宅教室を立ち上げ、運営してきましたが、そこで培った集客と成約のノウハウをこの本で紹介しています。


とりわけ、本書は「成約力」にフォーカスした内容になっています。また、ノウハウと併せて「マインド」についてもお話ししています。

それは、いくらすばらしいノウハウがあっても、実践するための力となる「マインド」が伴わなければ、成果は出ないからです。


「人」ベースでの活動が柱となる「成約力」は、皆さんが苦手とする「営業」分野の話も入ってきます。だからこそ、さらに「折れないマインド」を磨くことが、「経営者」としてのスキルアップにもつながるのです。

●自由を謳歌《おうか》するあなたのために

教室運営を10年以上続けたければ、「収益化」は必須の課題です。

収益を上げるためには、集客を成約につなげる「人的要素」「営業的要素」「数字的要素」が複雑に絡み合ってきます。

そんな課題に臆することなく、涼しい顔をしてやりこなす、そんなタフな女性たちを創りたい、応援したいというのが私の本意です。

この本を片手に、困難や問題をものともせず、エレガントに対処し、自由を謳歌《おうか》する女性が生まれたら本望です。そんな女性たちを応援するバイブルにするべく本書を執筆いたしました。

あなたがもしも、この本をきっかけにさらにパワフルに生き生きと、仕事も人生も楽しんでいただけるなら、それが私の望みであり喜びです。

もちろん私も、そんなあなたが追いつけないぐらいのスピード感で、いくつになっても好奇心いっぱいでなんでもチャレンジする先駆者《フロンティア》であり続けることを宣言いたします。

いつまでも輝き続ける、〝飛常識な〟好奇心とエッセンスをあなたに。

2019年3月

〝飛常識〟な経営コンサルタント

高橋貴子

Contents

第2章　成約率0%を100%に変える〝場〟の作り方

第3章　YESを簡単にもらえるレッスンシナリオの作り方

第4章　成約までのプロセスが早くなる時間管理法

プロローグ

教室を黒字化に導く成約力とは

1 少ない集客量でも満席は作り出せる

独立したときにまず意識して取り組んだのは、**「集客」**でした。私の場合は、会社員からの独立開業でしたので、もう会社の看板に頼った仕事はできないと覚悟しました。

そこで、とにかく「人を集めなくてはならない」という思いで必死に取り組みました。

【生徒さんが来なければ先生になれない】ということは、いまでも思っていますし、生徒さんが来なければ教室として成り立たないのは当然です。

だからこそ、SNSや広告を活用して「集客」することに一生懸命になっていたのですが、ある程度集客ができた後に、ふと気づいたことがありました。

それは、**【集客量が少なくても、いつも満席の人気教室がある】という事実**でした。

つまり、少ない募集枠でもすぐに席が埋まるなら、**「集客量」自体は少なくても、いつでも満席状態を作り出すことができる**のです。それで運営でき、収益が上がっていれば、こんな幸せなことはありません。

「それは人気のカリスマ先生だからでしょ？」という声もあるかもしれません。しかし、決して最初からカリスマ先生だったわけではありません。私は多くの人気教室の先生とお話する機会がありますが、皆さん地道な努力を長年重ねた結果、現在があります。それこそ出会う人一人一人にチラシを手渡ししたり、生徒さんの紹介をお願いしたり、場合によっては駅前でビラ配りをしたという話だって聞いたことがあります。

いまではWEBを活用すれば、不特定多数の人に情報を届けることができるようになり、集客の垣根が低くなりましたが、成約まですべてをカバーできるわけではありません。ですから、**WEBが不得意とする「成約」を効率よく進めることが重要**になってきます。もちろん、お客さま全員に必ず会うことはできません。

集客と成約の意味を理解したうえで、対面の体験会などを企画していくと成約率がアップし、人気の教室を作り出すことができるようになります。

2 紹介に頼りすぎない、自力の成約力をつける

10年以上教室を運営している先生方から、「10年前は口コミと紹介だけで教室が成り立っていたのに、毎年だんだん生徒さんが減っている」「WEB集客の力はわかっていても苦手で集客ができない」という相談を受けることが多々あります。

この話が含んでいる**問題は2点**あります。

①WEBが苦手だからやっていない。
②口コミ紹介だけでやってきたので、自ら動いて成約した経験がない。

①の**WEBの取り掛かりについては**、「時代が変わってきているのだから」と気持ちを切り替えて、**「まずは一つでもやってみる」という一歩が必要**です。

時代の変化を受け入れられないものは、自然界でも淘汰されるという法則どおりに、教

室も縮小もしくは閉鎖を余儀なくされます。昔に固執しない、柔軟でかつ新しいことへのチャレンジを恐れないマインドをもちましょう。

②の「口コミ紹介のみで営業をやっていない」のほうが、どちらかというと根深い問題です。「紹介される」というのは、お客さまがその先生に満足したからこそ得られる勲章で、すばらしいことです。しかし、それだけに頼っていると**自分ではコントロールができない部分に経営を委ねることになります。**紹介はあくまでも自発的な行為ですので、こちらは待つしかありません。イメージとしては、**自力7割・他力3割が一つの目安**です。7割が自力であれば、紹介に頼らない分、経営が安定します。

もちろん、すべて紹介だけで事業を回している方もいますが、それはまれなケースで、そこに至るまでには、実はきちんとしたプロセスを踏んでいることが多いです。

よって、**長く続く経営を目指すのであれば「自力で成約を作り出す力」が、経営力としても必須のスキル**です。人によっては苦手な分野になるのかもしれませんが、だからこそ、そこに取り組む人とそうでない人とでは大きく差がつきます。

3 集客力と成約力は同時にアップさせる

集客し始めると、**ある一定の属性の生徒さんが集まってきます。**きっとその方たちは、あなたの理想のお客さまである可能性はとても高いです。そして、自分自身がその生徒さんに教えることがハッピーと思えるなら、同じような属性の方を集めたい。そう思う方は多いのではないでしょうか。

その考え方はおおかた間違っていませんが、さらに考えるべきことは成約率です。

成約率を上げるには、集客の段階で「成約しやすい層」を集めるのがコツです。成約しやすい層とは、あなたが一緒にいて心地よい、相手も心地よいと感じる関係です。

「成約しやすい層」を集めることで、お互いに共感・信頼・好感の感情が生まれるため、**教室の雰囲気がよくなるだけでなく、先生自身のストレスも軽減されます。**

では、**「成約しやすい層」を集める**にはどうしたらよいのでしょうか。

一番簡単なのは、**「文章でコントロール」**することです。つまり、ホームページ（以下ＨＰ）やブログなど、レッスン内容を紹介しながら、参加へと誘導する文章を「相性がよい生徒さんが好む書き方に変更する」こと。これが一番です。その際、文中には実際の生徒さんの声を抜き出して入れてください。

そうすれば、その言葉や感想を見聞きした新しいお客さまが、申し込みを決意することができます。

ですから、申し込みしてくださった方には、「どうしてこちらの教室にいらしていただけたのですか？」「その決め手はなんだったのですか？」と伺ってみることをおすすめします。生徒さんの声によって、自分が思っていなかった教室の魅力を発見することもできます。

そして、生徒さんの声をＨＰやブログなどに、キャッチコピーとして反映していくと、結果として**「理想とするお客さま」しか集まらなくなります。**それを意識できると、**集客と同時に成約率もアップしていく**ので、毎回むやみにたくさんの人を集めなくても成約することができて、経営が安定するようになるのです。

4 収益化できる売上計画は、成約力がカギ

突然ですが、皆さんは教室の**「年間売上目標計画書」**を作ったことがありますか？

聞いたことがない、考えたことがないという方が大半かもしれません。でも、心配しないでください。私がコンサルをしてきた先生たちも含め、明確にハイと答えた方はほとんどいらっしゃいませんでしたので。

〝目標は年商300万円とか年商500万円〟というお話はよく聞きますが、計画がないため、売上計画ではなく、「そうなればいいな」という「妄想」レベルのものであることが多いのです。目標がないよりはいいですが、マネタイズ（＝収益化）するプロセスとしての、**年間売上計画書**が不可欠なのです。

年間売上計画書は、その名のとおり、皆さんが**どのように1年間教室を運営していきた**

いかを数字化した表です。たとえば、料理教室などの場合はイベント行事が多い秋冬に売り上げが高い傾向にありますし、小学校くらいのお子さんのいる主婦層を狙った教室は学校の休みに合わせて来なくなるケースが多いので、夏休み・冬休みに売り上げが落ちる傾向にあります。これは個々の教室によって事情が違うので、ご自身で教室の状況を把握し、かつ売り上げを伸ばすさまざまな施策を行う必要があります。その施策の成功を決定づける大きな要因が、**「成約率」**であることが多いのです。

クライアントと月次計画表の進捗状況の擦り合わせを行う場合、「集客」ができていなくて予定どおりにいかない、というのは実は表面上の事情で、よくよく中身を検証していくと**「成約していない」から「マネタイズできていない」ケース**が多いのです。

集客が1人でも、その**1人が決定するなら成約率100%**です。皆さんは1人を大事にできていますか？　量も必要ですが、**教室集客の場合には「質（＝成約率）」を重視するほうが、はるかに効率がよい**のです。この視点が、年間計画を思ったとおりに達成する秘訣《ひけつ》です。

5 成約力をアップさせる七つのキーワード

「成約」が大切だということはわかったけれど、では、成約力をつけるにはどうしたらいいのでしょうか？

成約力は集客力に大きな影響を与えます。ですから、**「成約の視点」から集客を考えましょう。**実践の場では成約は売り上げに反映されやすいのです。

では成約力を上げるために、どのような観点から行動すればいいのかを、本書では七つのキーワード（全7章）で解説していきます。

①WEB活用力
②対人スキル
③プランニング力
④時間活用力
⑤数字分析力

⑥マインドセット
⑦行動・実践力

詳細は各章で説明しますが、ここでは、なぜこの七つが成約力のキーワードになるのかをお伝えしていきます。

私が成約力を意識する背景には、「営業」を22年経験したことがあります。法人、個人、カウンター接客、訪問販売、ルートセールス、飛び込み営業、さまざまな営業を経験しました。

人によっては「営業」という仕事を極端に嫌う方もいますが、私は営業職は「クリエイティブ」な仕事で、多岐にわ

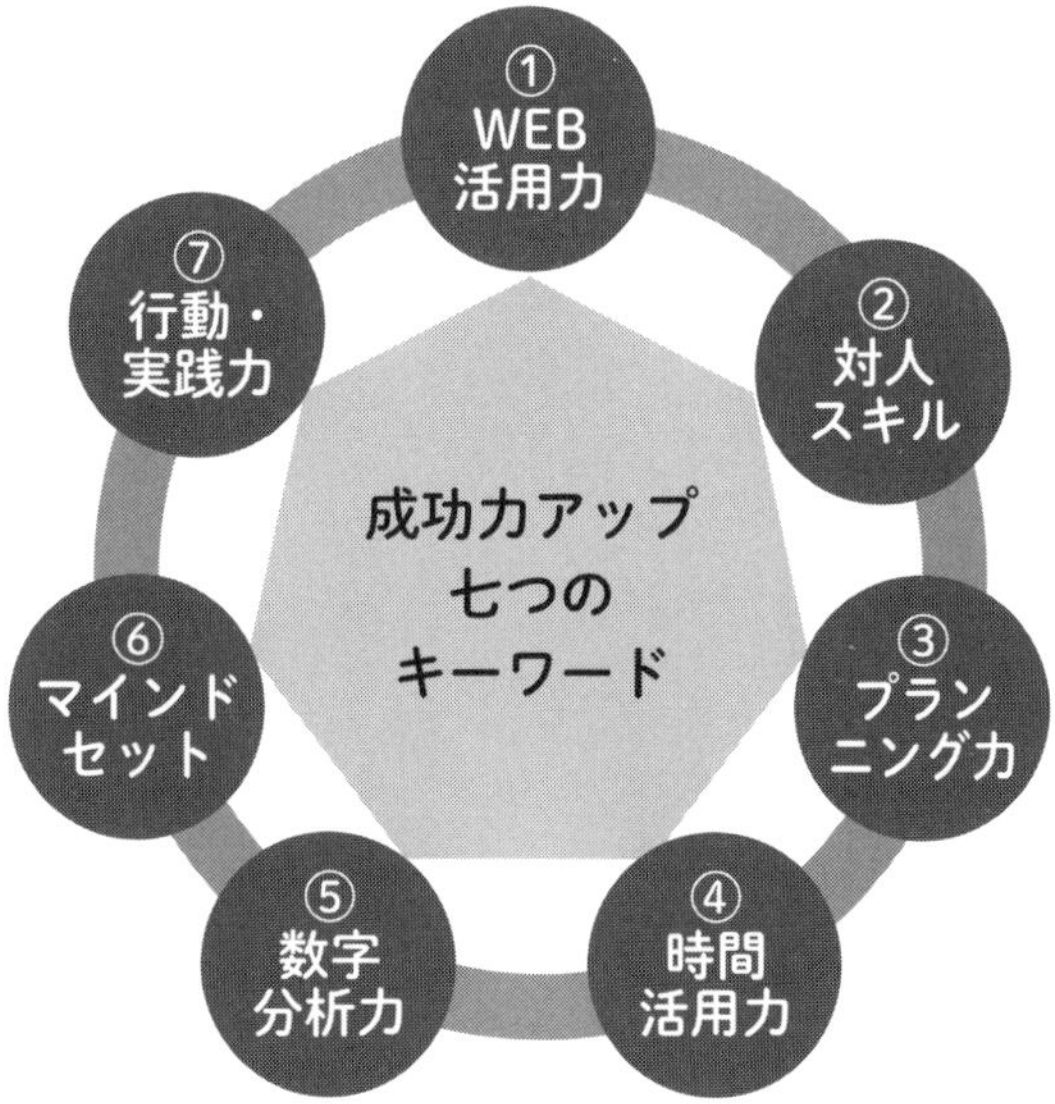

たる自分の能力を総動員させてマネタイズに変換する、**高度なヒューマンスキル（人間力）を必要とする職業**として位置づけています。

だからこそ、私は単なる「御用聞き営業」（定期的に顔を出して単に注文を受注するだけの営業）にはあまりやりがいを感じず、「提案型営業」（顧客の課題を理解しニーズを掘り起こし、こちらから先んじて提案をする営業）が得意でしたし好きでした。

よって、「形のあるもの」よりも「形のないもの」を販売することを得意としていたので、高額契約や受注を取りやすいマインドがあったのです。

現在ではWEB集客をメインに新規顧客を獲得するコンサルティングをしていますが、その根底に流れる思想は、**営業経験で培った「成約を意識した集客」**です。ですから、**「ネット（集客）とアナログ（成約）」を両輪で回す**ことで、より強力で効率のよい教室運営ができていたのだと、ある時気づきました。

教室の先生で、営業経験のある方は数少なく、さらにはWEBコンサルティング的な知識やビジュアルデザインのバランスを兼ね備えた方となると、まれな存在です。

私のデザインスキルを支えているのは、「インテリアコーディネーター」時代の「カラー」

や「テーブルコーディネート」の知識と、「ブライダルバンケットプロデューサー」時代の「バンケットのフラワーやキャンドルやテーブルクロスといったトータルデザイン」の知識と実践です。

成約力を上げるために必須なのは、「人間力」です。言い換えれば「コミュニケーションスキル」です。WEB上だけで完結しにくいのが教室という業態ですし、必ずどこかのシーンで「生徒さんとの直接の触れ合い」が必要になります。

ところが、**インターネット集客では、すべてがネットで完結できると誤解されがち**です。もちろん、通販などはネットで完結します。教室集客もネットで完結させることはもちろんできます。

対人スキルが低い方は、ネットの集客力も低く、成約率が低い場合が多いです。成約力の一番大きなカギはもちろん、「人間力」であることは間違いないのですが、その他にも見逃せない「マインド」「表現力」「行動」を成約力という観点から解説しています。

ぜひ、あなたの事業にもそのエッセンスを生かして、業務改善の一助に活用していただきたいと思います。

第1章

成約力が30%アップするWEBサイトの作り方

七つのキーワード①　WEB活用力

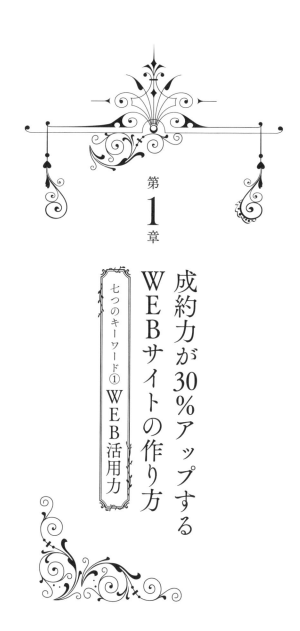

1 成約率を上げるなら集客時に属性を絞り込む

「集客力を高めるためにペルソナを設定しましょう」という話をご存知ですか？

ペルソナは、ラテン語で「役者のかぶる仮面＝登場人物」、英語ではパーソン（人格とか人）という意味ですが、**マーケティングの分野では「仮定の人物」といった意味で使われます。**

たとえば、商品開発の際に設定する「架空の購入者」などです。

教室の運営では、生徒さんの年齢、性別、居住地、職業、役職、年収、趣味、特技、価値観、家族構成、生い立ち、休日の過ごし方、ライフスタイルなどを設定して教室のコンセプトを決めます。このコンセプトに基づいて教室のＨＰやブログを書いたりします。

たとえば私のパン教室では、**【変わった成型を売りにしたプレゼント用にパンを作りたい人】**というペルソナ設定をしていました。

具体的には、パン作りが好きで**時間にもお金にも余裕のある40～60代の方、**機械ごねをメインにしているので**機械も購入できる方、**人とのコミュニケーションを大事にする**社交**

的でアクティブで好奇心旺盛な方、フットワークが軽く興味があればどこにでも習いに行ける方などを想定し、実際に集客していました。

しかし、運営に悩んでいる先生の教室では、実際のチラシやＨＰの内容は、「きちんとした属性」を設定したにもかかわらず、少しズレた顧客層や「まったく違う属性」の方をそのまま「集客・成約」してしまうケースも多く見受けられます。

「数」を確保したい、１人でも多くの生徒さんに来てほしい。そんな皆さんの気持ちはとてもよくわかりますが、この状況は**「本来自分が理想とする顧客層とかけ離れた人を数確保のために集客・成約している」**という事態になっています。

私が教室運営の経験で感じたことは、「きちんと設定した顧客層ではない生徒さんを受け入れた場合、教室の雰囲気が変わってしまい、結果的に生徒さんの継続率も下がる」という事実です。だからこそ、集客時にきちんとした属性で集めることが結果として長期的な経営の安定につながるのです。

●ペルソナ設定した生徒さんを確実に呼び込むには

体験会開催の必要性は前述しましたが、私が実際に行っていたのは、「いかに**体験会をやらずにＷＥＢサイトだけで本コースに申し込みをいただけるか**」ということでした。少し矛盾するかもしれませんが、私の教室の場合、コマ数がメインである6カ月6回のコースでほぼ埋まっており、体験会を開催する日程を確保することができなかったのです。

とはいえ、新規の集客は続けなくてはなりません。そのためには、体験会をやらなくても「信頼してもらい、そのまま申し込みをいただく」という自然な流れをＨＰ上に展開しなくてはならなかったのです。

通常のパン教室は、平均単価５０００円が多いなか、私の教室は平均単価７５００～８０００円であったうえに、6回分の金額を全額前入金だったので、一般的には体験会なしでＷＥＢサイトだけで成約に結びつけるのは難しい状況であることは理解していました。

しかし私は、実際に全コースのほぼ90％以上は体験会ではなく、ＷＥＢサイトだけで成約しています。そのコツは二つあります。

①申し込みたくなるような感情の流れ

「**生徒さんの心に一番刺さるメリット**」を軸に、コース設計を組み立てるということです。

私の教室は「**他の教室ではやらないことをコースにする**」と決めていましたので、それを求める人にとっては、それだけでもかなりのメリットになります。

②申し込みたくなるようなWEBサイトの流れ

思わず習ってみたくなるようなきれいな写真、実際の教室の風景がわかる写真や動画、通う生徒さんのメリットの列挙、お客さまの声（動画）、わかりやすく見やすい申し込み概要、支払い方法・回数の柔軟性（現金・カード、一括払い・分割払いなど）を軸に文章を組み立ててあります。とりわけ、「**写真**」**は重要なアイテム**です。写真を見ただけで、詳細をほとんど見ずに申し込んだ方もいらっしゃいます。

リアルな体験会を開催せずに運営したい方は、**信頼に足る必要項目をきちんと表現して感情の流れに沿った申し込みページを作ることが必要です。**

女性は特に感情で購買を決定する傾向があるので、その点を理解して進めていくことをおすすめします。

2 成約率に差が出る教室の見せ方

教室というものは、10人の先生がいれば10個の個性のある教室になるはずなので一つとして同じ教室はありません。それなのに、WEBサイトで見る限りは「ほぼ同じような教室」に見えてしまうケースも多々あります。

その大きな要因として挙げられるのは**「特徴の見せ方」**だと思っています。

「教室の特徴」＝「個性」は、**本来人の個性と同様に「千差万別」であるはず。**

ところがそれがのっぺりした平坦なものに見えてしまうのは、**「表現不足」が原因**です。

こんな飲食店のオーナーの話を聞いたことはありませんか？

「うちの店はどこにも負けない味を提供しているから、とにかく一度来てくれればわかるよ」。

「一度来てもらえればわかる」。

これは、現代では非常にハードルが高いことです。なぜなら情報が多い時代。お客さまは簡単にたくさんのお店と比較できるからです。

「一度来てもらう」以前に、WEBサイトを見て行く行かないを決めることが多いのです。時間とお金をかけて現地に行って「がっかりだった」という体験をしたくないから「事前調査」をします。特に「口コミ」（教室でいうと生徒さんの感想です）がよく見られています。

これを念頭に置くと、**「特徴」の伝え方が曖昧だとそれだけでお客さまを逃す可能性がとても高い。**「人は見た目が勝負」という言葉もあるぐらい、**第一印象が重要**です。同様に**教室を知ってもらう窓口としての「WEBサイト」の役割はとても重要**です。

料理関連の教室集客のセミナーなどでよくお話ししているのですが、教室の特徴を教えてくださいと尋ねると、「親切・丁寧・少人数・楽しい・おいしい・材料にこだわる・体に優しい」という答えがよく返ってきます。

一度、料理教室を検索してみるとわかりますが、この言葉はどの教室でも普通に使われています。もちろん事実はそうであっても、それだけだと求める顧客層に響きません。

ですから、**「来てほしい生徒さんに対するメリット」**をわかりやすく伝える必要があります。

たとえば、私がもっていたパンのクラスで「低糖質パン」のコースがありました。こちらは低糖質ですから、もちろん基本ターゲットの顧客層は「糖質制限」をしている人になります。それが、「健康の面から糖質制限しなくてはならない事情で習いたい方」と「普通のパンが食べられるけれど、プチダイエットとして糖質制限を取り入れたい方」の2種の顧客層がありました。

私のパン教室の大きなコンセプトのなかに「おしゃれな成型」というものがありましたので、「低糖質パン」にもその内容を踏襲して、可能な限り「作る喜び」も体験してほしくて低糖質パンらしからぬ成型にするようにレシピを考案しました。

「低糖質」というう身体的なメリットと同時に**「デザイン性のあるパンを作る喜び」**も提供した点が、当時なかった低糖質パン教室の特徴となったのです。

その結果、右記の2種の顧客層に支持されて全国から生徒さんが習いに来る、他にはない特徴あるレッスンとなりました。

「私の技術なんてそんなに特徴ないし」という先生の声もよく聞きますが、生きてきた経験値と性格、いわゆるバックグラウンドをきちんと見つめて掘り下げると必ずオンリーワンの特徴は導き出せます。そこに実際の技術スキルを掛け合わせて「教室の特徴」を作ります。

この作業の際に絶対に外せないのが、「誰に何を教えたいのか」ということ。

「ここしかない」「ここに行きたい！」という内容になっているのならば、成約率は上がります。教室業の面白さは画一的な物販と違って**「技術」×「先生の個性」が掛け合わせになって魅力を作り出していることです。**

だからこそ、その**魅力を最大限に伝えるための「文章」「写真」といった見せ方は手を抜くことができません。**いいレッスンであることは大前提。それを「どのように伝えるか」というスキルが結果として成約率を大きく左右するのです。

ですから、**教室の魅力が最大限に伝わるように「伝え方」を意識しましょう。**

3 成約しやすいキャッチコピーの作り方

「集客は入り口、成約は出口」という概念から考えると、**「集客しやすいキャッチコピー」**はファーストインプレッション、**第一印象で心をつかむことが必須の課題**です。逆に言えば、最初に心をつかめないとその先は読んでもらえません。

では「成約しやすいキャッチコピー」にするためには、WEBサイトのどこにどんなものを置いたらよいのでしょうか。

まず、読者（WEBサイトに訪問したあなたの未来の生徒さん）が、**成約までのプロセス**をどのような感情で読み進めていくものなのか、その**心理を理解する必要**があります。

昨今のWEBサイトは、一つのテーマを長文で語り、説明する縦長タイプのものが人気です。特徴としては**「物語性」のある展開**ができるので、感情移入してもらいやすく、感情に響く購買を促すことができるのです。

「物語好き」「感情で物を買う」傾向がある女性をターゲットにしている業種であれば、

理にかなっています。感情に寄り添って自然にお客さまがWEBサイトを読み進めていき、最後の部分で申し込みの決断をしていただく構成が必要です。

感情に寄り添った文章構成は、主に**三つのパート**で組み立てられます。

●**導入**……問題提起や今後の課題、未来のメリットをわかりやすいキャッチコピーで提示することで、**興味や関心を刺激する最初のパート**。

●**本文**……導入パートで提示した問題の解決方法や導き出した背景、信頼性を高めるエビデンス（証拠）となる情報を伝えて、**お客さまの心を購入へぐっと近づけるパート**。

●**最後のまとめ**……お客さまに求める**アクション（購入やお問い合わせなど）を明確に提示する最後のパート**。

よって、成約しやすいキャッチコピーは、最後のまとめパートに置き、かつ導入パートに提示した未来のメリットに呼応する結論が書いてある必要があります。

そして何といっても忘れてはいけないのが、わかりやすく目立つ**【申し込みボタン】**です。単純ですが、自宅教室のWEBサイトを添削していると案外設置されていないケースも多いのでご確認ください。

4 バーチャルなWEBサイトだからこそリアルを表現する

教室の先生のマインドブロック（否定的な思い込み）の一つに、「顔出し」をしたくないという気持ちがあります。もちろん、顔出しせずにすばらしい作品だけで生徒さんを集客できる先生もいますが、通常は「信頼」という観点からすると、「顔が見える先生」よりも不利になることは明らかです。

ネットの世界は顔が見えませんから、悪意をもって性別や年齢などを偽って、別人に成り済ますことも可能です。だからこそ、**「顔が見える」ということは信頼に直結**します。

HPやブログなどを整えたり、更新したりするのはなぜでしょうか。

もちろん「集客のため」でもありますが、それだけではありません。**「集客」の根源的な質を高める、つまり成約に近い状態を作るためには「信頼関係の構築」**という点はどうしても外せません。

私は職業柄、人と対面で話す機会は多いですが、「人の目を見て話をしない人」は基本的に信頼しません。何かやましいことがあるのでは？　私に対してあまりいい感情をもっていないのでは？　といった印象を受けるからです。

ですから、**「人はバーチャルなWEBサイトというものは本質的に信じていない」**ということを前提に考えたほうがいいのです。

では、信頼してもらえるHP、つまり成約率が高いHPには何があるのでしょうか？

答えは**「人の気配」**です。プロに作ってもらったき**れいすぎるHPは、逆に人の気配がなさすぎて信頼してもらえない**のです。また、プロでなくても人が写っている写真が極端に少ないと、リアルな印象が薄くなるので信頼されにくくなります。

私のHPは自分自身の写真はもちろんのこと、生徒さんの写真、動画による感想をふんだんに載せています。このデータがあることで、リアルな体験会に来ていなくても高額なコースを申し込んでいただける状況を作っています。

ですから、成約率を高めたいなら、**あなた自身を開示し、生徒さんがいるほほ笑ましい風景を見せることで信頼してもらうことが大切**です。

5 トータルなビジュアルデザインで信頼と共感を獲得する

女性は「一貫性がある」ことを無意識に重要視しているという話を聞いたことはありますか？

「一貫性」は、女性を相手にするサービスにはとても大切な視点です。

では、女性はどのような場面で「一貫性」を見ているのでしょうか。たとえばブログ、Facebook、Instagram、YouTubeなど、SNSでのあなたの発信などです。

ご自身の**飾り気のない本音**で話をするなら、おそらく**一貫性のある発信**になるはずですが、どこかで「自分をよく見せたい」と背伸びをした発信をすると、どこかでその発言はつじつまが合わなくなってくることがあります。

読者は賢いです。なかには、全メディアをきちんと読んで**「あなたという人物を包括的に判断する」人も多くいます**。つまり、飾られた偽りのあなたを敏感に感じ取ってしまいますから、SNSの発信は一貫性があるほうがいいのです。また、発信内容と同時に、W

EBサイトの「写真」や「色合い」などからもあなたが判断されますし、対象顧客が好むデザインを心掛けている人なのかも瞬時に見抜かれてしまいます。

つまり、**HPなどのWEBサイトはあなた自身の分身**でもあるので、読者をおもてなしするイメージで「一貫性をもった」イメージを文章とデザイン（写真など）で表現していく必要があるのです。

このトータルデザインを支える軸は**「コンセプト」**ですから、早々に作る必要があります。「コンセプト」とは「全体を貫く基本的な概念」です。ですから、文章や写真や動画はコンセプトを理解してもらうものでなくてはいけませんし、デザインやバランスなども「一貫性をもったもの」でなくてはなりません。たとえば、カラフルポップとシックエレガントが共存しないイメージです。

「一貫性のあるWEBサイト」は信頼と共感を得ることができます。だから、**結果として「成約率が高いWEBサイト」**になっているのです。女性に信頼されるビジュアルデザインを心掛けていきたいですね。

6 成約率をアップさせる超効率的なSNSツールの使い方

集客にSNSを使うという話は、前著の『自宅教室の開業・集客バイブル』でもご説明しました。これは、ゴールとなるHPにお客さまを集めて成約へと結びつけるために、各種SNSツールの特性を理解して導線を設計するというものでした。つまり、**「集客導線のためのSNS」**という視点。

今回は、さらにステップアップした活用法として**「成約率」に貢献するSNSの使い方**をご説明します。SNSを成約に活用する際のポイントや注意点を見ていきます。

●ブログ

日々の出来事やお役立ち情報を提供するのではなく、**申し込んでほしいイベントや、目的・意図がはっきりしている内容を書きます。**その際、文末に必ず置かなくてはいけないのは、「行動（申し込み）を促す言葉」です。たとえば、「お申し込みはいますぐこちらから」

などという言葉かボタンがそれに当たります。

単純なことなのですが、案外できていない方も多い項目です。書いているうちに、忘れてしまうからなのかもしれません。この一言があるかないかで、成約率はかなり変わります。ですから、**成約を意識したブログには必ず最後に「行動を促す言葉」を入れる**ことを意識してください。

とはいえ、「行動を促す言葉」ばかりだと読者がうんざりしてしまうので、イベント集客ブログの頻度は記事5回につき1回程度に抑えておくのがベターです。

●動画（YouTube等）

成約率アップに最も効果があるシーンは、「お問い合わせに対する返答」と「参加された方に対するお礼」です。また、長期的に成約を目指すのであれば「ステップメール（あるテーマに沿ったメールマガジン〈以下メルマガ〉が連続して届くシステム）」に添付する場合や、「チュートリアルコンテンツ動画（教育型教材の動画）」などは、学びを通して深い信頼関係が構築できるので、その後に誘導する講座（マーケティング用語でバックエンド）の成約率がグンと上がりやすくなるのです。

私は動画をあらゆるシーンで活用していますが、特に効果の高い次のシーンにおける使い方を具体的にお伝えします。

①お問い合わせに対する回答

通常**お問い合わせはメール**が多く、最近では**LINE**からも増えています。いずれにせよ、お客さまの初動は文字ベースで入ることが多いです。たとえば、お客さまから、あるレッスンについて「他の日程はありませんか？」と問い合わせが入るとします。通常はお問い合わせに対する返答のみを、「○月○日○に空きがあります」などと、**文字ベースで返す方がほとんどですが、私はそのような場面で動画を使います。**

単に日程のみを案内するだけではなく、現在予定が立っていない場合でも、優先的に日程を調整してレッスンを受けられることや、現在開講している他のクラスに暫定的に入っていただくことで、参加したい気持ちをそのまま盛り上げるなど、さまざまな提案を動画で撮ってお客さまの検討材料として送付します。

この動画をご覧になった方からは**「私のためだけに動画を撮ってくれた！」**という感激の声とともに申し込みをいただくことが多かったので、**成約率はほぼ100%**でした。

直接対面して話を聞いているような気持ちになる**「お問い合わせ返答動画」**は、効果抜群の成約アイテムなのです。

②参加された方へのお礼動画

たとえば、「体験会」というメインのレッスンへ誘導するためのお試しレッスンを開催する場合、初めての生徒さんが多く参加しています。ですから、体験会が終わった後に、**参加のお礼や、会で参加者から受けた質問に対する回答、感想などを5分程度の動画に撮って、参加者に送付する**のです。終了後すぐに撮って送るので、大抵参加者が自宅に到着する前に動画が届いています。

「わざわざ動画を私のために送ってくれるなんて!」と、大変喜ばれます。ちょっとしたサプライズですね。その後、ほぼ**9割の方がメインコースへ入会**しました。

このように**動画を成約に使う一番のポイントは「オンリーワン」**。あなただけのために動画を撮っています、という特別感がお客さまには心地よく響くようです。

女性は「特別感・個別感」が好きなので、成約に動画を使うのであればぜひその観点を意識してみてください。

●Facebook

Facebookは直接成約に結びつくほど、インパクトのある使い方はできませんが、コミュニケーションツールとしての効果はあります。たとえば、タイムラインで**自分の近況を写真や動画と共に発信すれば注目**してもらいやすく、「いいね！」がつきやすくなります。見てもらえる人が増えれば、相対的に申し込みが入る確率も高まります。

「検索対策（SEO）」という観点では、外部からあなたの記事を探してもらうことはできませんが、**「人属性」**のツールなので、人間関係によるところの「紹介」も発生しやすい特徴があります。そのため、イベントの立ち上げ、動画を使ったFacebook広告などで効果が出やすい傾向があります。

Facebookでは、「キーワード」で成約するのではなく、その人の**「個人的な魅力」で成約する**ケースが多いので、どれだけ**自己開示ができてコミュニケーションがうまく図れるのかがカギ**になります。

●Instagram

写真投稿によるコミュニティーを気軽に形成できるツールです。写真だけなので簡単に投稿できる反面、テーマが曖昧になりやすく、投稿テーマに一貫性がないと見つけてもらうことが難しく、フォロワーも増えません。**フォロワーの一つの目標数値は1000人な**のですが、戦略的に運営しないと目標達成は難しい数値です。

また、Instagram は業種業態によって、合う・合わないがあるツールです。**教室事業は比較的相性がよい業態**だと思います。私のようなコンサル業は、本来あまり相性がよくありませんが、「写真講座」のコンサルも行っているため、きれいな写真を掲載することでブランドアップに貢献しています。

ただし、このケースはまれだと思います。通常、教室の先生が作品を知ってもらうのには適したツールですが、成約に使うのであれば、コメント欄での紹介や、ストーリー（24時間掲載される写真・動画のスライドショー機能）の活用、メインページへきちんと誘導できる仕組みを作ることが必須です。

最近では、ダイレクトメッセージから成約するケースも多く聞きますので、普段からのコミュニケーション作りが肝心です。誰でも簡単に使えるだけに、「キラリと光る」何かがないと埋もれてしまいます。ですから、**成約に使うのであれば、注目してもらえる個性の発信と継続的なフォロワーとのコミュニケーションが必要**です。

密な関係作りが、結果として成約しやすい土壌を作ります。

●LINE@（ラインアット）

幅広い年齢層の方が日常的に使っている**LINEのビジネス用の機能**です。さまざまなシーンで活用しやすいため、ここ数年で急速に普及しているツールです。

LINE@はクーポンやお知らせを一斉配信できる他、**「1：1トーク」といわれるお客さまとの個別メッセージ**をやりとりできる機能があります。

これは特に魅力的な機能です。「既存の生徒さんとの連絡帳代わり」に使っている方も多いのですが、新規のお客さまが長期的にファンになってくれるように仕掛けることもできる、便利なコミュニケーションツールです。LINEでつながっている方は比較的反応も早いので、すぐにお客さまの声を聞けるのも魅力の一つです。

直接的、短期的に成約に結びつけることもできますが、どちらかというと細く長く続いていくコミュニケーション作りに注力し、一斉配信の内容なども「商売色」が強くない**お**

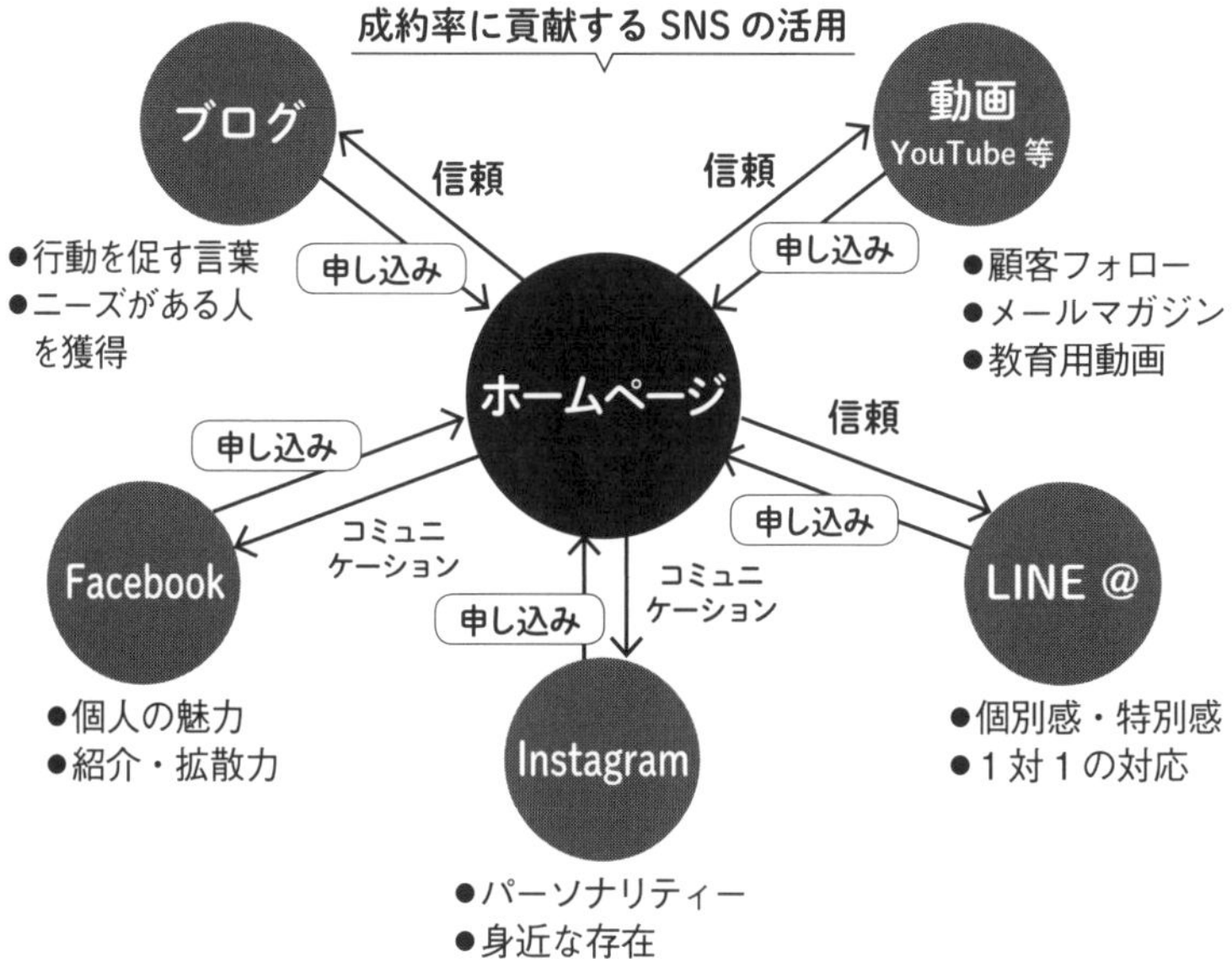

役立ち情報やプライベートな内容なども盛り込んで運営することが大切です。

結果として成約率が高くなります。レッスン内容さえよければ、生徒さんが来てくれるわけではありません。いまは先生の魅力が教室選択に大きな影響を与えます。

以上、代表的な四つのSNSの特徴をお伝えしました。共通しているのは、**成約は「信頼」の証しという点**です。SNSの機能はそれぞれですが、結果として「信頼」されなければ、その後の申し込みはありません。どんな発信なら信頼してもらい、会いたいと思ってもらえるのか？　その点を意識した発信が大切です。

Column
Chapter 1

40代だから自由に人生を楽しめる

私が起業したのは、2011年1月。当時42歳。会社員人生22年を送った末に至った結論は、「自分でやりたいように事業を進めたいなら社長になるしかない」ということでした。

開業当初はいまほどネットやSNSでの集客が全盛ではなかった時代です。そんな時代に私はパン教室を開業しました。しかし、実はパン教室の先生になりたかったわけではなく、パン教室をはじめとする「教室の先生」を助ける「教室集客のコンサルタント」になりたくて起業した、変わった経歴をもったパン教室の講師でした。

パン教室は目的ではなく過程の一つでしたが、一般のお客さまから価値を理解していただき、レッスンに満足していただき、対価としてレッスンフィーをいただくという経済活動は会社員も教室の先生もなんら変わりありません。

むしろ自分1人でやっている分、怠惰はそのまま数字に響きます。そういう意味ではダイレクトに頑張りが評価になる、わかりやすい世界が「独立自営」の世界なんだと開業後すぐに実感したものです。

私は会社員時代から新規事業が好きで、特に誰もやっていないことにチャレンジすることを好む開拓者、パイオニアタイプでした。当時、女性社員はルーティンをきちんとこなし、仕事もプライベートも充実させたい人が多かったなか、私は珍しい存在でした。

しかし、私のプライベートがなかったわけではありません。友人や恋人との時間も楽しみましたが、仕事が好きで、仕事に趣味レベルで没頭できるタイプだったので、仕事に情熱を傾けることはごく日常のことだったのです。

転職は4回、合計5業種の経験をしていますが、業種業界はすべてバラバラ。旅行、建築、ブライダル、パン。それでも転職するたびにお給料も役職も上がっていったのは、「やりたいことをやるため」の転職だったからということと、まるで「仕事マニア」というくらい高い集中力で向き合っていたからかもしれません。

たとえばパンを一度も作ったことがないのに、「パンこね機」の販売会社に事業部長として入社しました。「人から喜ばれる、世の中にないサービスを広める経験をしたい」という単純な理由からです。

だから、最終面接でこう言いました。

「パンは作ったことがありません。でもそれはこれから覚えます。私は、世の中にない求められるサービスを広めるという御社のミッションに共感しました。私には新規の商品、世の中にないサービスを広める営業能力とチャレンジ精神があります。だからきっとお役に立てると思います」。

しかし私は、新規事業を立ち上げることに情熱を傾ける一方で、その事業が軌道に乗ってマニュアル化し始めると、途端に違う場所に行きたくなる困った人でした。ある意味「立ち上げ屋」だったのかもしれません。

いまならわかるのですが、私は「あなたでなくてはダメ（オンリーワン）」と言われる場所で生きていきたい人間だったので、事業が落ち着いてくると、違う開拓地を求めて動いていました。

そんな会社員人生の繰り返しの集大成が42歳での独立起業です。

私は会社員時代から、企画立ち上げから実行までのスピードは早いほうでしたが、

40代だから自由に人生を楽しめる

独立したことで余計な社内稟議《りんぎ》決済を待たなくて済むようになった分、さらにそのスピードは増し、自由になんでもチャレンジしていきました。

40代からの起業は面白いですね。ワクワクしますよ。「〜しなくてはいけない」「〜してはいけない」という制限を外して動けると、何でもできるようになります。

私は自分の半生が「縛られた」ものであったので、とにかく「縛り」から解放されたいという思いでした。これをやっと実現できたのは、42歳だったのです。

だから私の人生のテーマは「自由」。社名や事業体の至るところに「L」＝「liberty（自由）」という言葉を入れています。「freedom」ではなく、「Liberty」です。「freedom」は「最初からある自由」、あって当然という受動的なイメージです。

たとえば「表現の自由」は「freedom of the speech」と表現されます。逆に「liberty」は「つかみ取る自由」なので能動的なイメージです。私の大好きな「自由の女神」も「The Statue of Liberty」と表現されます。「自らが進んで勝ち取る自由」なのです。

私が得たかった自由は、「liberty」でした。それは幼少期の貧しい経験からくるお金・時間の制約という意味もありましたし、会社員でどんなに頑張って表彰、評価されたとしても、「自由な気持ち」にはなれなかったので、「自由を勝ち取るために」独立起業したのです。

私には夫がいますが、たとえシングルだったとしても必ず独立していたと思います。それぐらい「自由」に対する憧れが強かったからです。

もちろん、起業なのですべてが順風満帆ではありません。皆さんも経験のある、スランプや売り上げの落ち込みも当然経験しています。食費にも困って冷凍パンをかじる日々が続いたこともあります。

それも経験のうち。負荷をかけなければ、しなやかで強い筋肉は仕上がらないのと同じです。私が起業家としてやっていくうえでの試練と思える困難は、片っ端から打破する決意ですべてに立ち向かいました。

私は過去の経験から、「一度逃げた課題は必ず姿と形を変えて目の前に何度でも現れる」ということを知っていたので、その時の自分にとって「困難」と感じることはその時にすべて解決するようにして生きてきました。

40代だから自由に人生を楽しめる

しかし、私も最初から強かったわけではありません。一つずつ課題をクリアするごとに心の筋力、体力がついていっただけです。

メンタルの弱い強いに性別は関係ないと思います。「自分の人生についてどれだけコミットメントしているか（責任をもてるか）否か」がポイントになるので、もしかしたら社会環境的には男性のほうが「自由」になりにくいのかもしれません。

だとすれば、女性に生まれたことを最大限に喜び、その人生を謳歌《おうか》しましょう。「自分ですべてを手に入れられる」と思えば、何でも叶うのです。人の人生なんて宇宙の時間から見たら一瞬にも満たないほど短い瞬間です。

「あなたの人生に制限をかけるのも、自由に解放するのもあなた次第」です。だから貪欲に「Liberty（自由）」を手に入れましょう！

それが40代を迎えたあなたに伝えたい私からのメッセージです。

第1章まとめ

●お客さまを絞り込むことは
集客力アップにも成約力アップにも効果的。

●信頼を得るWEBサイトは、
物語性があり、人の気配がきちんとある。

第2章

成約率0%を100%に変える〝場〟の作り方

七つのキーワード②対人スキル

1 お客さまに「行きたい」と思わせるお問い合わせ対応法

お客さまからの「お問い合わせ」を皆さんはどう感じていますか？

もしも、「単なるお問い合わせだし、言われたことに答えておけばいい」と考えているのなら、それはとてももったいないことです。なぜなら、わざわざ「お問い合わせ」をするお客さまは、**SNSなどで誘導するよりも、教室に来る確率が高い人**だからです。

これは、「成約」の観点から見ても同じです。具体的なエピソードでご説明します。

ある時、私のクライアントから「お問い合わせが入ってもなかなか決まらない」という相談を受けました。私は彼女に次の質問をし、その回答を聞くことで**「決まらない要因」を突き止め、改善策を行ったことで成約率が3倍以上になった**ことがあったのです。


【質問】

「HPに出ているレッスンの日程以外に開講する予定はありませんか？」とお客さまか

らお問い合わせがあったら、何と答えますか？

【回答】

①いまのところ開講予定がありません。

②○月○日と×月×日の開講予定があります。

「聞かれたことに対して、答えを出している」ので、彼女の対応は決して間違いではありません。しかし、このお客さまの気持ちをもう少し深く考えてみると、実は、もっと違う答えを返すこともできるのです。

私はこのようなお問い合わせに対して、よく次のように回答していました。

①現在は開講予定がありませんが、**新規で日程を作ることができます**ので、その際はお客さまの**ご希望の日程を優先**できます。

②もし、急いで学びたいのでしたら、すでに**稼働中のコースクラス**に入っていただき、途中から**新規クラスに編入**することもできます。

③いますぐにご希望のクラスの開講はありませんが、次のクラスが立ち上がるまでの間

に、**似たようなレッスンのクラスにご参加**いただくことも可能です。

このように、お客さまの立場になって先回りして考えて提案していました。しかも、回答はメールではなく、その方のためだけに「動画」を撮ってごあいさつも兼ねて案内をしていたのです。とても驚かれ、そして喜ばれました。

その結果、成約率はほぼ95％以上。このような状況になると「お問い合わせ」はほとんど「お申し込み」とイコールです。「高橋さんは動画もできたからでしょ？」と言う方がいるかもしれませんが、私も最初からなんでもできたわけではありません。一つずつどんなサービスなら**「お客さまにわかりやすく、喜んでもらえるか」**を実践してやってきた結果と成果なのです。

動画が苦手ならやらなくてもいいですし、思いを込めた文章で伝えるならそれでも構いません。大切なのは、「あなたのことを思って回答しています」という気持ちが伝わるかどうかです。

お客さまのことを思い、その先まで考えて**「ご提案」できるかどうかが、「決断」を後押しする大きな要因**になります。

お客さまの気持ちに寄り添った回答を先回りしてお伝えすることで成約率が上がる。
https://youtu.be/xfeObPR7QE4

「お問い合わせする」ということは、「お客さまが能動的に動いている」という状況なので、「自分の疑問や迷いが払拭できれば」すぐに申し込みをいただけるはずなのです。

　ですから、その対応をしっかり行えば、お問い合わせからの成約率はもっと高くなります。**お問い合わせはくるのに成約に至らないと感じている人は、まず対応フローを再点検してみることをおすすめします。**

　実際に私が対応に使っていた動画のサンプル画像とURLをご紹介します。

　一つの質問に対して数通りの提案で回答していることがおわかりいただけると思います。

2 体験会は「お試しの場」ではなく「信頼をいただく場」

体験会は「お試しの場」というイメージをもつお客さまは多いのではないかと思います。「どんな教室なの？」「先生はどんな人？」というお客さまの疑問を解消し、**入会した雰囲気を体験できる場が「体験会」**です。

ただし、生徒さんを迎える先生が、体験会を「信頼をいただく場」というイメージをもつか、もたないかで、その後の成約率が大きく変わります。

先生が**「体験していただく」**ことだけに特化して開催した場合、おそらくそれは**「単なる体験会」**になってしまいます。

もちろん、その対応は間違いではありませんが、**「本コースまたはレッスンへのご入会」を体験会の目的**と考えた場合には、適切ではありません。

体験会を**「信頼をいただく場」**というイメージをもって開催すると、小手先のテクニックで心理操作をして入会させようとしなくても、お客さまには納得して入会してもらえます。

これは、教室が「お客さまの望む未来を叶える場」であることを「体験会」を通じて理解していただけるからです。すなわち「信頼」してもらえるからです。

お客さまによって、「信頼」するポイントは違います。ある方は**「プロとしての技術」**を望み、またある方は**「先生の人柄」**を見にきているかもしれません。体験会が始まった早い時間にお客さまのタイプを見分けることができると、その後の時間がスムーズに進みますし、結果として新規生徒さんの満足度も高まります。

お客さまと接する際に見るべきポイントは次のとおりです。

①こちらの**目**を見てくれているか。
②**笑顔**で話を聞いてくれているか。
③話の最中に**相づち、うなずき**が多いか。
④積極的に**質問**をしてくれるか。

話に乗ってこない場合は、さらにさまざまな角度から話題を振って反応を探ります。

そのために私がやっていたことは、皆さんが拍子抜けするぐらいに簡単なことかもしれません。それは、**開始10分以内に、お客さまに「体験会に参加した動機」を簡単な自己紹介と共にお伺いする**ということです。

これによって、その後の時間は皆さんの要望に沿った形で体験会を進めることができて、**結果として98％以上の申し込みが入る状況を作ることができます。押し売りなどなしで成約します。**

皆さんも「信頼」されるポイントを早く見つけて、そのポイントを満たす方向で体験会を運営するようにしてみてください。**高確率で自然に申し込み**が入ります。

3 次のレッスン参加につなげるリピート対策法

10年続く教室を作る**黒字体質の経営基本方程式**があります。それは、**「生徒数×レッスン単価×リピート率」**です。

たとえば、住宅や墓石販売など、業界によってはリピート率が上げづらい場合もありますが、教室の場合は、この3要素をバランスよく上げていっても問題はありません。

教室経営では、特に「生徒数」と「リピート率」は上げやすい要素ですが、実は**「リピート率」をアップさせるほうが、「生徒数」を上げていくこと**（新規顧客獲得、集客）**よりも短期間で成果を出しやすい**施策となります。

「リピート率」をアップしていくためにやるべきことは次の3点です。

①「レッスン終了時」の声掛け

レッスン終了時は、実際に生徒さんが目の前にいるので、顔を見て話ができますし、**リラックスしたムードで「告知」レベルの話**まで伝えることができます。一番生徒さんが満足している時間なので、そのまま手帳などで日程を確認してもらえるなら、成約する確率が高いです。

②個別のメッセージでの連絡

一斉配信よりも「個別感」のあるメッセージ、たとえばLINEでいうと1：1トークなどで**「あらかじめ興味が一致する人」を想定して連絡**すると、成約率が高くなります。ただし、この時はあくまでも「ライト（軽く）」にご連絡することがポイントです。無理に来てもらおうとすると、必死さが伝わり敬遠されます。

そのためには、普段の会話のなかから「生徒さんの興味のポイント」を知り、台帳などにメモを取っておく必要があります。こうしておくと、いざイベントレッスンを立ち上げるときなどにお誘いするのが楽になります。

これは先生が楽なだけでなく、お客さまの「もともと興味があること」についての「お知らせ」をするので、むしろ感謝されることが多く、進んで申し込みが入ります。**普段からのリサーチが「リピート率」アップに大きく起因**します。

普段からお客さまの動向に気を配れる方の教室は、無意識にでも人気教室になっています。

③参加しやすいイベントの企画

もし、本コースが料理教室の場合は「料理」のイベントはすぐに企画できると思います。しかし、生徒さんと長期的な付き合いを続けていくことを考えると、必ずしも「料理」だけでイベントを作る必要はありません。

たとえば、年末年始なら「来年の運勢を占う〝占いイベント〟」などでもよいと思います。

イベント企画のポイントは、**「会う」機会を作って忘れられないこと。**気軽に参加できるイベントがあると、参加頻度が上がり結果的に本コースの継続率も上がる傾向があります。

4 教室最大の敵、生徒さんの「飽き」を防ぐには

どんなに長く通った生徒さんでも、いまの教室に飽きてしまうことはあります。これは、**「心的飽和状態」**といって、**緊張や刺激、快感を得ていたものが同じパターンの繰り返しになったときに刺激を感じなくなる**ということだそうです。

この話、どこかで聞いたことがありませんか？　そう、**恋愛と同じ**なのです。

でも、飽きたら終わりなのかというと、そうでもありません。**「飽き」が「なじむ」**までの感覚になると、なかなか**浮気しにくくなります**ね。これは教室も一緒です。

では、**「飽きられないようにする」**ためにはどうしたらいいのでしょうか。

まずは**適度な刺激**を与えることです。たとえば、**「レッスンリニューアル」**や**「イベントレッスン」**などで見え方を変えるなども効果があります。とはいえ、軸になるコンセプトは踏襲したほうがいいです。いくら刺激が必要だからと軸になるコンセプトまで真逆に

なってしまうと、一か八かの賭けになってしまいます。**コンセプトは一貫性をもった状態**で、**表層をリニューアル**していくのがオススメです。

私はパン教室を運営していましたが、半年に一度ぐらい、コースのメニューを見直しながら新規コースを立てて、そんなに人気のないクラスを廃止して、クラスに動きが出るように構成していました。また同時に3カ月に一度ぐらいは、採算度外視で皆さんに喜んでもらえるイベントレッスンなどを作りながら、既存の生徒さんの**「飽き」を刺激に変えて関係性を維持する**運営をしてきました。

他には、**HPやブログのヘッダー（トップページの大きな写真）を定期的に入れ替えること**で、頻繁に訪問してくださる読者を飽きさせないようにしていました。いまはあまり頻繁に変更できていませんが、多いときには3カ月に一度は変更していました。

それでも、来なくなる方は来なくなるときが当然あります。その時には**「卒業」の時期**なのだと思って快くお送りしましょう。普段から創意工夫することを心掛ける必要はありますが、あまり**顧客に執着しないほうがお互いにとっていい**と思います。

5 生徒さんに好かれる先生になれる一番のコツ

生徒さんに好かれる先生になれる**一番のコツは、「好かれようとしないこと」**です。

なんだか逆説的な話でけむに巻かれたような気分がするかもしれませんが、これは人気の先生の素養を分析していて感じることです。

「好かれようとしない」とは、「お客さまを神様扱いしない」という感覚と似ています。誤解のないようにお伝えすると、お客さまを粗雑に扱っていいと言っているのではなく、「必要以上にへりくだりすぎない関係」を築くことが大切だということです。

たとえば、**A先生**はいつでも生徒さんの顔色を見て、ご機嫌を損ねないように**なんでも言うことを聞いています。**そのため、生徒さんはどんどんわがままになっていき、揚げ句の果てに、「先生は気が利かない」とまで言われてしまう始末。忙しいのに、利益も薄く生徒さんの意見に振り回されてしまい、時間もない。心も体も疲弊してしまっています。

一方**B先生**は、そこまで**生徒さんに無理に合わせることはしません。**それでも人気教室で、いつでも予約がいっぱいです。むしろ生徒さんは予約が取れないから、B先生の日程に合わせるしかないのです。それでもみんな喜んで遠方からでも通っています。

この2人の先生の違いはなんなのでしょうか。

まず一つ言えることは、B先生は「自分が好かれる努力」はしていないけれど、**「生徒さんが喜ぶことを全力で理解しようとしている」**ということです。しかも、自分がやりたいことと、自分ができることをしっかり線引きしているため、生徒さんの要望を無条件に全部取り入れているわけではないのです。

これが「お客さまは神様ではない」という思想の原点です。

結果として、来なくなる生徒さんもちろんいることでしょう。そうだとしても、しっかり**「自分が理想とする顧客像」**をもつことで、**「先生自身が生徒さんを選ぶ」**状態になっているという点が**集客できていない先生との一番の違い**です。

自分と合わない生徒さんは「来なくてもいい」と言える自信があるかどうかが、その後の集客を大きく左右します。

決して高飛車になれということではなく、**「相性のよい生徒さんとだけきちんと付き合う」と決めると、結果として「成約率」**も高くなり、**「長く付き合える理想の生徒さん」が残る**ことになるのです。これが好循環を引き寄せます。

A先生のようなタイプは、えり好みをしません。ある意味優しくて、いい先生だと思います。もちろん、そんな優しいA先生が好きで通う生徒さんもいることでしょう。

問題は、A先生がそれを喜んでやっているかどうかという点です。

好きでやっているならOKです。しかし、「本意ではなく、好かれるためにしている」とするなら、ストレスもたまり、レッスン料金も言いなりになってしまうケースもあり得ます。この状態だと先生も生徒さんも不幸です。ここは、迎合しすぎないという線引きができるかがポイントになります。

また、人は「行列のできているお店に行きたい」という心理があるので、**「人気教室の先生」にはさらに生徒さんが集まるという好循環**ができるのです。

ですから、早期に「濃いファン」をしっかりつかむことが大切です。「濃いファン」とは、

「あなたのことが大好きな〝超ファン〟」の顧客のことです。そんな「濃いファン」をつかむためには、開業時に明確な顧客像に対して、自分の教室を探してもらえるような「量的な露出&アプローチ」がどうしても必要になってきます。

私が**開業時に一番こだわったのは、「コンセプト」**です。

コンセプトに合う顧客像を100項目まで絞り込み、その顧客が喜ぶコースレッスンを作りました。もちろん、それを表現するコピーライティングと写真も一緒に。顧客ありきでレッスンは作っていますが、コンセプトに合わない方はお断りをするという線引きもしっかりともって運営しました。

また、生徒さんに好かれるもう一つのコツは**「公平さ」**です。1人に合わせたら全員に合わせる公平さが必要です。たとえば、入金方法やレッスンの開催有無など、生徒さんそれぞれの事情をくみ取るあまり、一部の人が優遇される「えこひいき」状態になっていないかを考えましょう。

一度イレギュラーな対応をしたら、それはすべての人に適用しないと不公平になってしまいます。

自分のルールを作って、きっちり守ること。それをやっても受け入れたいかどうかを判断しながら答えていく必要があります。

ルールをしっかり作ることで、教室のコンセプト・ルールに合わない方は、入会しなくなる確率は上がります。集客上はマイナスですが、理想の生徒さんを呼び込むことにより、お互いが納得して楽しめる教室になるように線引きをしてきました。

開業当初からずっと、そのスタンスは変わりません。

お客さんのほしい開業当初はつい、誰でも受け入れたくなってしまいますが、そこは割り切って露出量を増やし、共感してくれるお客さま（＝濃いファン）だけを集めていた結果、予約が取れない教室になっていきました。「そんなに対象を絞り込んだら集客できないのでは」という声もよく聞きますが、現在の教室事業は、何でもそろう「デパート型」より、得意分野に特化した「専門店型」のほうが集客しやすい傾向にあります。

皆さんも、本節に触れ、**時には勇気をもった決断と運営が必要になる**場合があることを、考えるきっかけにしてください。

6 生徒さんは必ずしも技術だけを習いに来るわけではない

クライアントの相談に乗るときに、私がよくお伝えしていることがあります。それは、**「何を習うかは大事だけど、誰に習うのかはもっと大事」**という点です。これは、特に最近の傾向でもあります。

以前は「習得できる技術」を前面にうたうだけで、それなりに集客できていた先生も多かったのです。しかし、現在は空前の教室開業ブームで、誰でもすぐに自宅教室をオープンできる時代になりました。その結果、どこを見ても教室だらけ。そのため、「技術」はもちろん大事ですが、**先生の人柄、教室全体の雰囲気など、いままで選択の基準にならなかった部分まで比較されるようになった**のです。

では、こんな時代に選ばれるには、どのようなテーマで教室を作ればよいのでしょうか。

一つの人気教室を例に挙げてご説明します。

私が知っている写真&お花教室の先生は、研さんを欠かさずに努力なさっていることはもちろん、私がクラスを受講して感じたのは、**「その先生の人柄と場の雰囲気を丸ごと」**生徒さんが気に入っているから何度も通っている、ということでした。

誤解のないようにお伝えしますが、**「技術」**だけだとしたら、他の先生からも習える可能性があります。それでも、生徒さんにとって**「オンリーワン」**の教室であることは間違いないのです。

では、なぜ生徒さんはこの教室を選ぶのでしょうか。

この教室には**「魅力の掛け合わせ」**があるからだと思います。**「写真&お花」**という技術に加えて、**「惜しみない情報の提供」「先生の面白いお話」「お部屋のインテリアを含めた居心地のよい空間」「生徒さん同士のコミュニケーション」**などのさまざまな魅力が掛け合わされています。

先生ご本人は無意識なのかもしれませんが、教室全体を作る魅力に長《た》けている方です。

「魅力の掛け合わせ」は、自身の性格や経歴も含めた**プライベートな部分の客観視が必要**です。自分の魅力を知るためには、これまで自分が何をしてきたか、何に興味をもってきたかなどを書き出す「履歴書」を作成してみるといいでしょう。

たとえば、「英会話」×「料理」×「外国暮らしの経験」＝「インバウンド（訪日旅行客）向けの料理教室」。これに加えて、観光案内などもできれば、料理教室・観光ガイドとしての両方の収入が見込めます。

しかし、おそらく、先生にとって一番正しい答えをもっているのは**「通っている生徒さん」**です。その魅力を前面に見せることができれば、似たような属性の生徒さんが集まり、生徒さん同士、居心地がよい空間になるので、リピート継続率が上がります。

殊更に「成約を意識する」必要はありませんが、「技術」だけではない魅力の掘り下げは来てくださる生徒さんの満足度アップにも貢献する内容なので、いま一度チェックしてみたい項目です。

7 長く愛される教室は返信が早い

「長く愛される教室」と聞いて思い浮かぶのは、どんなイメージでしょうか？

たとえば、最新の技術を学び生徒さんに還元する先生、いつも明るい笑顔で出迎えてくれる先生、仲間との会話が楽しくて通ってしまうなどが挙げられます。おそらく、これらは**すべて正解**です。

ただ、私は**「長く続く教室の特徴」**には、ある共通点があることを知っています。

それは、**「返信（レスポンス）の早さ」**です。

「返信が早い先生」ほど、同時進行で多くの仕事をこなし、**生徒数も多い教室**である傾向があります。逆に、**生徒さんが少ないほど返信が遅かったりする**のです。

なぜ返信の早い先生は生徒さんに人気なのでしょうか。

これには二つの理由があります。

①相手を思いやる気持ちが伝わり、信頼感がアップするから

返信が早いと、生徒さんはヤキモキする時間が短いので安心できます。「この先生はすぐに返事をくれる」という**絶対的な安心感は、絶対的な信頼感**につながります。

相手を思いやる気持ちがあるなら「お待たせしない」「返信を早くする」。その気持ちは必ず相手に伝わります。ですから、人気の先生ほど返信が早いのです。もちろん、ずっとスマホにかじりついてと言っているわけではありません。見たときに返信できるものは、どんどん返信する、それだけでもかなり処理速度が早くなるはずです。

返信が早い先生ならば、問い合わせやレッスン予約がすぐに確定できるので、**予定も立てやすく生徒さんにとっても好都合**です。**その結果、人気教室へ**となっていきます。

私がビジネスパートナーに求める絶対的な条件が二つあります。

それは**「納期を守ること」**と**「返信が早いこと」**です。これができる方とだけお仕事をすると決めています。そうするとお互いにビジネスの速度が上がるので、結果としてよいパフォーマンスと成果を出すことができます。

一流と言われる、すごく忙しいビジネスマンほど返信が早いです。それは時間の大切さ

を知っているからです。相手を待たせて相手の時間を奪うことのないよう意識しています。私もその速度でお付き合いさせていただくので、仕事の出来栄えもよくなります。

②多くの情報を生徒さんに提供できるから

返信が早い先生はなぜ長く愛されるのか。それは、**行動量との相関関係**があります。**返信が早い人は、例外なく行動量も多い**ため、キャッチできる情報も多い傾向にあります。そのため、トレンドをつかんで、教室に反映することもできる他、いろいろな人から役に立つ情報をもらえるお付き合いもできます。

行動量の多さはそのまま先生の引き出しの多さになり、生徒さんを魅了する特性となります。勉強熱心な方も多いですし、好奇心旺盛な方も多いです。

私が知っている大人気教室の先生は、とにかく**フットワークが軽く**、全国あちこちに出向いています。そして、そこで**得たことを雑談に盛り込む**ので、習い事以外の領域でも勉強になることが多いのです。その結果、生徒さんにも尊敬され続けています。

たかが返信、されど返信。

速度を少しでも上げる努力をしてみましょう。

信頼度と返信スピードの関係

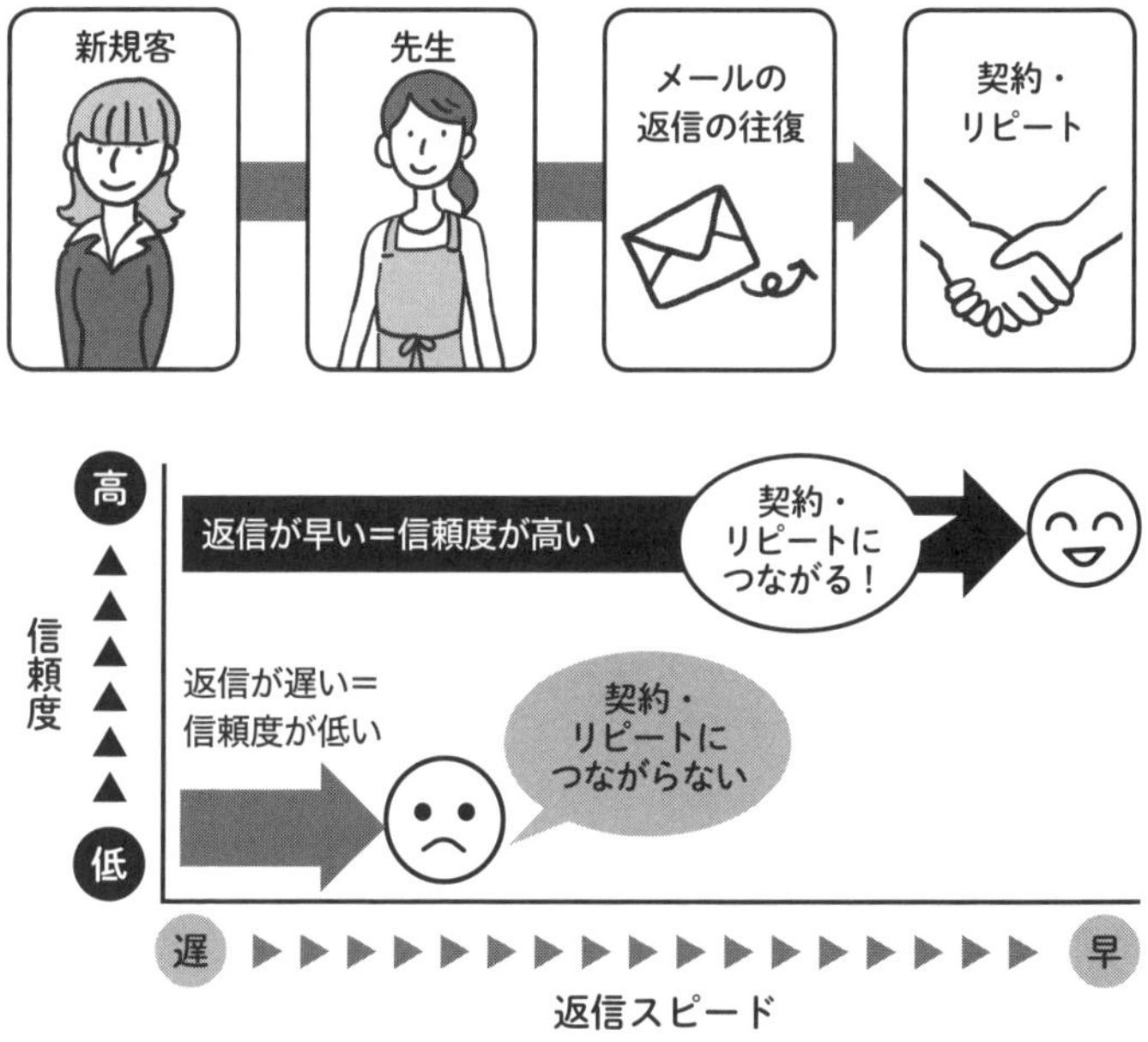

返信が遅い人に、きちんとしている人は寄ってきません。返信が遅い場合には、早い人はもどかしさを感じるので自然と教室に来なくなるのです。これだけでも成約率はかなりダウンします。

教室の先生は温厚でゆったりしている方が多いので、返信も遅めな方が多いのは理解しています。しかし、お仕事として教室を運営し、長く教室を続けるなら**「ある一定のビジネスの速度感覚」**は必要になります。**「返信の速度」を見直して**みましょう。

8 自然と紹介したくなる口コミのメカニズム

成約率から集客を考えた場合には、「口コミ」はかなり強力な集客方法です。

なぜなら、「紹介者の信頼」を借りた状態で人づてに伝わるため、インターネットで会ったこともない方を集客するよりも、**ほぼ100%に近い確率で成約していく**からです。紹介される側としてはありがたいお話です。そして、また紹介した方・された方の期待を裏切らないように、一生懸命頑張るモチベーションにもなります。

では、口コミはどのような場合に起こるものなのでしょうか。

それを理解していると、紹介される確率が高くなるかもしれません。ただ、一つ注意してほしいのは、こちらで説明するのは、**「自然と紹介したくなる」**口コミであるということです。「口コミ」ありきで行動するのは本末転倒なのでその点はご注意ください。

口コミを意図的に起こす手段はありますが、私が伝えたいのはあくまでも生徒さんの心に寄り添った形での「自然な口コミ」です。人が人に何かを伝えたくなるときはどんな時か、これを考えるとその答えはおのずと見えてきます。

その答えとは、**「期待値とのギャップ」**です。

生徒さんの期待値を上回れば上回るほど、口コミの速度も上がります。なぜなら、体験した人の喜び、感動が熱量を伴って語ってもらえるからです。私自身も経験がありますが、自分が心から感動したことはその温度感で人に伝えていくので、相手にもそのまま伝わりやすいのです。

初めて来る方がどこまでを期待しているかは、初対面ではわかりにくいかもしれません。しかし、レッスン最初のごあいさつのときに「今日はどんなことを期待していらっしゃいましたか？」と皆さんにさりげなく聞くことで、少なくとも教室に来てくださった目的はわかります。

その「期待」をベースに、それ以上の大満足のレッスンができると、口コミでさらに紹介が広がる可能性が高まります。口コミありきではありませんが、**口コミを味方につけることができるなら、成約率も高まります**のでぜひ活用したい手法です。

Column
Chapter 2

嫌われることを恐れない

自分が自分の思うように生きていくためには、「本当の気持ちを伝える」ことが大事だと日々実感しています。

独立してからは特に、「コピーライティング」という「伝え方」をよく勉強していました。これは商売上必要だったことと、ビジネスの対人関係において「交渉術」としてもどうしても必要なスキルだったからです。

しかし、現場はきれいごとですべてが進むわけではありません。相手の気持ちに配慮する必要はありますが、どうしても伝えなくてはいけないこと、これは譲れないとはっきり言う必要がある局面が訪れるときがあります。

その時に、私は昔からずっと決めていたことがあるのです。

それは「自分の意に沿わないことを渋々やるぐらいなら、きちんと意思を伝えたうえで一つずつ解決しながら前に進む」ということです。

これが、会社員だったらどんなに生きにくい生活を選択することになるのか、会社員の方なら容易に想像がつくと思います。会社に対して意見を言うならば、最低限会社が求める経済的な効果、私の場合は営業がほとんどでしたので「営業目標数字達成」は交渉をするうえでは必須のことでした。

「負け犬の遠吠え」では相手にされないので、相手として対等に見てもらえるためには必要最低限の「社員としてのミッション」はこなしたうえで会社に対して意見を言っていたのです。

一般的には「正論」だったとしても、会社にとっては「グレーにしておきたい部分」にも切り込んで話をしていましたので、ある意味厄介な人だったかもしれません。ですから私は飼いならされることのない野生の狼だったのかもしれません。だからこそ、なるべくしてなった独立起業の道でした。

そしていままた、改めて当時を振り返ってみて知ったのは、「正論」だけでは人を動かすことはできないということ。正論は「理解」してもらえても、会社には「納得」はしてもらえないということなのです。「理解」とは「物事が解っただけのこと」、「納得」とは「物事を解り、そのことに同意すること」。

当時の私は「理解」をさせることができても、「納得」をさせるスキルに欠けていたところがありました。いまならわかります。年齢を重ねた経験値が私を成長させてくれたのです。

ただ、これも正面からきちんと向き合って話をしていたからこそ、わかったことなのです。


とにかく、私は昔から「自分の気持ちに嘘はつけない」人でした。いつでも本音で対峙《たいじ》していきたい人。だから当然ですが、好かれる人には好かれるし、嫌われる人には嫌われていたと思います。それでもいいと思っていましたし、いまでもそう思っています。そこは昔からずっと変わっていません。

とても大切な人、友人でも恋人でもどうしても伝えなくてはいけない場面になったときには、大切な人であればあるほど、「別れ」をも覚悟して伝えることがあります。

結果、本当に別れることもあれば、それがきっかけでより絆が深まることもある。縁がつながるときはつながるし、切れるときは切れることも知っています。


「必要以上にいい子になる必要はありません」

これは、いまだからこそ言える言葉となりました。貧しくても、一応ご飯を食べさせてもらっていた子ども時代には、さすがに親の顔色（私の場合は父親が影を落とし

嫌われることを恐れない

ていることが多かったのですが）を見て振る舞い、発言することも多かったので、そういう意味では「自分の人生」を生きることができていなかったと思います。

自立して家を出て自分で稼げるようになってから初めて、「嫌われる自由」も手に入れることができたのです。親の顔色をうかがいながら生きなくてもよい人生。親に保護してもらわなくても生きていける人生。そんな自信が私に「嫌われる自由」を与えてくれました。

ただ、会社にいるうちは、「会社のルール」と「会社の役職をもった私の顔」がありましたので、すべてを「個人の思い」で「自由」にするわけにはいきませんでした。

ですから、ストレスがあったのも事実です。

「嫌われる自由」を手に入れることは、実はとてもストレスフリーなすばらしいことだと思うのです。「嫌われる自由」を手に入れた女性ほど強く潔く、そして美しい。

そう思うのは私だけでしょうか。

もしもあなたがそんな女性に憧れるのなら、まずは嫌われることに躊躇《ちゅうちょ》しないことです。すると、我慢から解放され、何倍も広がりのある残りの人生を手に入れることができると思います。

第2章 まとめ

●成約率が低い場合は
さまざまな行動フローを見直すことが大切。

●お問い合わせ・体験会・リピート対策などを
しっかり取り組むと、成約率が格段に上がる。

第3章

YESを簡単にもらえるレッスンシナリオの作り方

七つのキーワード③ プランニング力

1 お問い合わせを90%以上成約に導く応対シナリオ

お問い合わせを受ける際、一般的には「HPのお問い合わせフォーム」からという場合が多いかもしれません。業種、地域、対象顧客の年齢によっては「電話」からかもしれませんし、最近流行りの「LINE@」からという場合もあるかもしれません。

受け付けについては、どのような方法でも構いません。**重要なポイントは「お客さまが問い合わせをしやすい環境を作ること」**です。たとえば、24時間いつでも問い合わせができることがメリットの「インターネット受付」、疑問点も合わせて対人で聞きたいことがある場合には「電話」、気軽な匿名での問い合わせなら「LINE@」がいいのかもしれません。

顧客属性に合わせて問い合わせ窓口は準備したほうがいいですが、私の考えでは**可能な限りの問い合わせ方法を用意したほうが成約率は高まる**と思っています。

そして、大切なのは**お問い合わせを受け付けた後**です。

たとえば、「ネットからの問い合わせにネットで対応する」ことは間違いではありません。

しかし、成約という観点から考えると、よりよくするためには、どうしても**「人的」要素**が必要となります。

そもそも、**「お問い合わせ」をくださる方は、「高確率で成約する方」**です。

疑問点を申し込み前に聞いてみたいということでお問い合わせする方が8割以上です。だとすると、その疑問や不安を解消できれば、その90%以上の方が**そのまま「お申し込み」**につながります。

返答はメールでも動画でもよいのですが、**動画のほうが成約率は上がります**。そして、その応対シナリオのポイントは、聞かれていることだけに答えるのではなく、お客さまが不安に思うこと、**決定するために必要な要素**（日程・金額・交通アクセス）を**先回りして、3案くらいを提示する**と感謝されます。たとえ、内容が多少違っていても、ここからまた状況を聞くことができるので、深い話をしていくことができます。

結果として、感謝される心理的なギャップは「申し込み」という行動につながります。

成約率をアップさせる秘訣の一つは、**「お問い合わせ」への人間味のある対応**です。

2 「濃いファン」が集まるプランニング

集客は「集める」のではなく、自然と**「集まる」ように設計することが大切**であることは、すでにご説明したとおりです。求める属性の生徒さんが自然に集まる状態にするためには、**「濃いファン」を呼び込むプランニングが必要**となります。

そのためにまずやるべきなのは、**「長期的な関係作り」**です。

「長期的な関係作り」に一番向いているツールは、メルマガです。なぜなら**「自己開示」がしやすい、つまり「思いを伝えやすい」ツール**だからです。

もちろん、10年も更新が続いているようなブログであれば、それも有効なツールです。ポイントは、あなたの人間性を知ってもらいやすいツール、長く付き合ってもらいやすいツールであるということです。文章のうまい下手ということよりも、**人柄が正直に伝わるように書いてあるか**という点が大事です。

たとえば、私が同時に運営する四つの事業体は、それぞれにノウハウは異なります。そのため、伝える技術もすべて違いますが、**「高橋貴子」という人間の考え方、物事の捉え方はどの媒体でも一貫性をもって発信を続けています。**

当然私と考え方が合う方はブログやメルマガを読み続けてくださいますし、私と合わない方、嫌だなと思う方はメルマガを解除したり、ブログは読まなくなったりします。

「せっかくファンがついたのに」と残念がる人もいらっしゃいますが、去る人を引き止めても、未来へのお客さまにはなりにくいです。むしろ、**私の考え方に共感してくださる方だけを集め続けることが、「濃いファン」を作る**ことにつながります。これが、イベントやセミナーを組んだときに簡単に満席になる秘訣です。濃いファンはどこかの段階で先生に「会ってみたい」という気持ちになるからです。

濃いファンを作るのなら、長く関係を構築するのに向いている媒体（メルマガやブログ）で、自分らしい正直な発信をコツコツとためていくことです。言い換えると**「信用貯金」**ということになるかもしれません。一朝一夕で作れるものではありませんが、濃いファンが集まってくれれば、自然にやってほしい講座やセミナーのリクエストも上がってきます。**その結果、毎回必死にならなくても、講座を満席にすることができる**ようになります。

ぜひ長期的な視点で、あなたのファン作りができる媒体を育てていってください。

3 体験会から入会申し込みへと導くシナリオ作り

「体験会」はその名のとおり、**「この教室に通うかどうか」**を未来の生徒さんに判断していただく場であることは、一般的には間違いではありません。

しかし、私の教室の「体験会」は**「もう申し込むことを決めているけど、**少しだけ聞きたいことや不安もあるから、実際に現地に行って確認したい人のためのもの」という認識で開催していました。

片や「通うかどうかを判断するために」体験会に参加する生徒さん、もう一方は「申し込むことを決めているけど最後の確認をしたい」気持ちで体験会に参加する生徒さん。

この違いがわかりますか。

これまでの経験による感覚でいえば、**成約率は前者が60%、後者は90%以上のイメージ**です。ちなみに私の教室運営は、後者のタイプで運営していました。

なぜ、**「申し込むことを決めている人を体験会に呼べるのか」**という点ですが、こちらは、

『もっと稼げる
自宅教室の集客・成約バイブル』読者企画
教室運営売上アップ
5つのコツ
無料動画レッスン
欲しい未来はカラフルな人生
貴女が輝けば
世界はあなたの背景になる
http://ur0.link/GL1G

教室運営の知恵を学べる
タカハシタカコのLINE@
3分でわかる!
教室の先生お悩み解決動画
無料プレゼント
1:1でつながる
LINEトークを
ご活用ください
ID@takako555
ご相談もお気軽に受付中

HPの募集記事にそのように書いてあるから、というのが答えになります。

具体的な文章をお見せします。私の体験会のHPにはこのように書いてあります。

「レギュラーレッスンを検討しているけれど、内容について確認してから申し込みたい方に体験会をご用意させていただきました。（後略）」

単なるお試し会ではなくて、「確認してから申し込みたい方」に限定しています。

つまり、申し込みをしたい気持ちが固まっている方を集めています。従って、私は心置きなく、レギュラーレッスンの内容をしっかりと体験会でご案内することができるのです。結果として疑問がある方は、疑問を解消できれば**そのまま即お申し込み**になります。実際に私の教室の体験会での成約率は97％でした。

これは、クライアントである教室の先生によくある、「押し売りしているような気持ちになるため、言葉を濁しながらコースの案内をしてしまう」という点からすると、あっさりそのハードルを乗り越えることができる考え方です。

もちろん体験人数は多いに越したことはありません。しかし成約しにくく興味が薄い人を頑張って集めるよりも、**本当に通いたい強い気持ちがある人だけ集めるほうが時間も節約になります**し、相手の生徒さんの満足度も高まります。

4 ひと目見ただけで心が動くビジュアルの魅せ方

私が提唱している**「ビジュアルブランディング」**とは、顧客が目にするものすべてをトータルで**「印象」として感じて信頼していただくものと定義**しています。

具体的にいうと、WEBサイトの**「写真」は、まさに第一印象を決定づけます**し、サイト全体のカラーリングは引き寄せる顧客の層を意識してデザインします。同様に、動画を使う場合にも、音と声と映像から、先生の人柄や教室の雰囲気を見てもらうことができます。

私が使う**「ブランディング」**という言葉は**「お客さまからの共感・信頼」**という位置づけで使っているため、目に入る写真・動画（音）から始まり、サイト全体の雰囲気や、文章（コピーライティング）、これらすべてを総合してお客さまの気持ちを動かします。

ですから、どれだけ相手の気持ちに寄り添って作り込んでいけるか否かで、見た目の印象もクオリティーも伝わり方も変わります。

お客さまがサイトに訪問して、「あ、ここいいかも！」と**判断する時間は、「3秒」**といわれています。そこで、「必要ないかも」と思われた瞬間にサイトから離脱されます。そんな観点から考えると、人もＷＥＢサイトも見た目が9割と言っても過言ではないかもしれません。それだけに、**「印象」を左右する「ビジュアルの魅せ方」には細部までこだわりたい**ものです。

たとえば写真一つにしても、きれいな写真に越したことはありませんが、プロを必ず入れなくてはいけない、というわけではありません。あなたらしいということと、来ていただきたい生徒さんの雰囲気がマッチしていればよいわけなので、必ずしも「きれい」だけが答えではなく「素朴な」「ほっこりした」「ナチュラルな感じ」という表現でも全然構わないのです。

大事な点は、**「対象顧客」がそのＷＥＢサイトに好印象をもち、**結果として何かしらのアクションがあること、たとえば申し込み成約であれ、体験会であれ、**心が動く形にできるのであればそれが正解**です。

その際どうしても意識してほしいのは、**「見やすさ」「読みやすさ」**です。細部にこだわる心配りは、そのまま顧客に伝わります。また女性は「一貫性」を無意識に読み取るので、**言葉、写真、トータルで一貫性があるデザインであることが望ましい**です。

5 料理レシピのような自己紹介で共感ストーリーを

「自己紹介は苦手です」。こう答える方は多いのではないでしょうか。

これは「礼節を重んじ、謙虚である」日本人の国民性に起因するところもあり、「自己アピールは自慢しているようで恥」という暗黙の雰囲気があるからかもしれません。

ここで一つ覚えていただきたいのは、**「自己紹介」は「自己アピール」ではなく、「他人のためにするもの」という視点に変えていただきたい**という点です。

では、なぜ自己紹介は「他人（顧客）」のためにするもの、なのでしょうか。

初対面の人からすると「あなたがどんな人かわからない」。ですから、その不安と不信感を先に取り除いてあげることは、親切につながります。自己開示を先に行う人に、人は安心感と共感を覚えることができるのです。

ここで、ちょっと料理のレシピを思い浮かべてみてください。

おいしそうな料理が出来上がり、目の前にバーンと出されたとします。もちろんそのまま食べても、味のおいしさには変わりありません。

しかし、仮にシェフが料理を出す際に、その食材一つ一つのこだわりや料理にかける想いを語ってくれたとしたらいかがでしょうか？　もっとおいしくその料理を食べることができませんか？

あなたの**「自己紹介」**も、その**「料理の説明」をするイメージ**だと思ってください。初めての人にあなたの人柄、どんなことに興味をもっていまここにいるのか、そんなことを語るのが**「共感ストーリー型自己紹介」**です。体験会などの初対面のときには、5分でも10分でも参加したお客さまに語ってもらいたいのです。

一般的なビジネスシーンでの30秒自己紹介とはまったく異なる意味をもったものです。最初の会話の架け橋になるのが、**「共感型の自己紹介」**です。

結果として気持ちが伝わると、その後のレッスンもスムーズにいき、自然とまた行きたくなる教室になっていきます。**初対面のときにその関係を築けるかは、とても大切**です。

6 生徒さんをつなぎ止める言葉は「また会いたい」

教室にはマンネリ化を避けるべく、定期的な見直しやリニューアルが必要であることはすでにご説明したとおりです。

では、**飽きさせないための「魅力」**とは何か、具体的に見ていきます。

ディズニーランドは、リピート率90％、年間パスポートで年に30回以上も入場するような濃いファンを獲得しているテーマパークです。

ディズニーランドの中毒性の秘密として、ウォルト・ディズニーの精神「パークは永遠に完成しない」にあります。つまり、**「行くたびに新しい発見がある」**のです。

そして、もう一つは**「キャストのおもてなし」**です。ディズニーランドではマニュアルの接客ではなく、それぞれの個性によるおもてなしを大切にしています。

だから、「また行きたくなる」のです。

この「また」という気持ちになってもらううえで、**飽きさせない教室の定期的なリニュー**

アルは必須ですが、同時に生徒さんに「また行きたい」「また会いたい」と思ってもらえる先生からの言葉があります。それは先生からの**「また会いたい」**という言葉です。

「また来てね」と言うより「あなたにまた会いたいわ」と言われるほうが生徒さんの立場からすると、とてもうれしい言葉です。オープンマインドで自分を好きでいてくれる人に、人は好意をもちます。ですから、また会いたい生徒さんには「会いたい」とストレートに伝えること。

単純なようですが、実はこれが生徒さんに喜ばれ、また行きたいと思われる言葉なのです。この言葉を伝えるのは、レッスンが始まる前か、終了前の雑談の時間がおすすめです。あらかじめ準備したリーフレットなどを渡しながら、**イベントレッスンや催事の出店などを案内するのもよい**でしょう。

私はよく、レッスン以外でも美術館巡りや興味のあるイベントがあればお伝えしていました。すると、「行きたい」という方が一定数いらっしゃるので、プライベートな時間としてご一緒してきました。

先生だからとあまり固く考えずに、**楽しいことを共有するぐらいのフランクな付き合い**ができると、生徒さんとの距離も縮まります。

7 「いかがなさいますか？」で成約率は30％アップする

成約につなげるための「体験会」において決め手となるのは、参加した方が教室に入会し、「本コース」を申し込むかどうかです。

「体験会」の組み立ても教室の規模、先生の個性、本コースの価格などによってシナリオが変わってくるのですが、大まかな流れとしては、**「体験→説明→意思確認」というルートが通常**です。私がさまざまな教室の先生とお話ししていて、弱い点だと感じるのがこの流れのなかの**「意思確認」**です。

「意思確認」をマーケティング用語でいうと**「クロージング」**ですが、これは、**「顧客と契約を締結すること」**を意味しています。

教室の体験会においては、**「本コース入会」が一つのゴール**だと思います。

しかし、このゴールに向けての流れがあまりよくない先生が多いため、その要因とヒント、対応策をご説明します。

まず、教室の先生がなぜ、「契約」の言葉を伝えることができないのか。それは**「押し売りしているように思われるのが嫌だから」**という気持ちがあるからです。

しかし、私のクロージングのイメージは「押し売り」でも「契約獲得」でもなく、**単なる「意思確認」**なのです。だから、**「売らなくてよい」ということを最初に伝えたい**と思います。

「意思確認」の方法は、拍子抜けするほどとても簡単な一言で済みます。

その一言とは、「いかがなさいますか？」これだけで構いません。

「本コースに進みますか？　進みませんか？」と聞いていることになります。なぜなら、体験会ですから、本来は本コースに入るつもりの方が来ていることが大前提だからです。

ですから、必ず終了間際には**「いかがなさいますか？」**と聞いてみる必要があるのです。

決して「入会しますか？」と聞くのではありません。どうするかを伺うことで、答えのための選択幅が増えるため、追い詰めるようなイメージは薄くなると思います。

すると、何通りかの答えが帰ってきます。

「はい、お願いします」と言われればそのまま確定ですので、契約になります。また即確定とならない場合、たとえばこんな答えをいただくかもしれません。

①「内容はいいのですが、日程が合いません」
②「レッスン料について夫に相談しないとわかりません」
③「子どもがいつ体調を崩すかわからないので確定予約を入れることができません」

このように、いろいろな**「通えない理由」**が出てきたときに、どこまであなたが対処できるかで、クロージングの結果が変わってきますが、少なくとも一度は**「意思確認」**をしないと、答えに対して対応の仕様がないのです。

また、なかには当日のその場で「意思確認」の言葉を言いたくないため、「メールで尋ねている」という先生もいました。

メールで尋ねるぐらいなら、そこは勇気をもってその場で聞いてみてください。メールのほうが相手との距離が生まれます。そして、断られたときの理由が見えにくくなります。だから**当日のその場で対処したほうが、成約率が高くなる**のです。

日程が合わない方には「いつなら通えそうか」を伺って、その頃に再度連絡してみます。その際、可能なら希望日程を立ててあげてもいいかもしれません。それをしても決まらない場合は、「断り文句」として日程を使っているだけなので、その方はもう追い掛けなくていいと思います。本人が来たいと思ったときに、また受け入れればいいだけです。

「夫に相談したい」という方については、「いつごろ相談ができるのか」を聞いて期限を決めてください。その後連絡して、結論が出ていないようであれば来る意思はない、断り文句として使ったと理解してこちらもそれ以上追い掛けなくてよいです。

「子ども・義母・親戚」関連を引き合いに出す方も、「断り文句」の場合と本当にネックになっている場合があるので、その見極めのために追加の質問をして何がネックになっているかを具体的に聞き出す必要が出てきます。

その場合、通学のネックになっている部分を取り除くサービスを提供できるかどうか考えて提案してみましょう。たとえば、**時間や曜日がネックならば別の時間帯に調整**したり、**金額がネックならば分割払い**を提案したりすれば、大抵そのまま決まっていきます。

結論として、一度はお客さまに本当の意味での**「意思確認」**をしてください。

一生懸命集客しても、成約できなければザルに水を入れるのと同じです。**押し売りではなく確認であると意識を変えれば、声掛けするのに抵抗がなくなる**と思います。

Column

Chapter 3

鈍感力と中庸《ちゅうよう》の心

私が自分らしい人生を生きるために、「嫌われてもいい」というマインドを身につけるときに、同時に意識したのは「鈍感力」でした。この「鈍感力」は特に女性が多い職場では必須の力だったと、いまだからこそ感じています。

「女性」というくくりで十把一絡げにまとめて言うつもりもありませんが、「顔で笑って陰口を言う」ことを上手にできるのが女性だと私は思っています。いい意味でも悪い意味でも女優だなぁと。だから、私のように単純に「見えているもの」をそのまま信じてしまうタイプは、その巧みな演技にだまされてしまうことも多々ありました。年齢を重ねるに連れて、そういう方の共通する雰囲気などをあらかじめ察知できるようになってきて、必然的に近寄らないようにする能力を身につけることで、自己防衛ができるようになったのです。

また逆に、仮にその人たちに何かを裏で言われているとしても「自分が気づかない」状態であれば、「何も言われていない」のと同じ状態になります。そういう意味では「鈍感」＝「気づかない」という力もあったほうが、楽に生きられると思うようになっていきました。

そして、「鈍感力」は、一般的にはマイナスイメージが伴う言葉かもしれませんが、起業家（教室の先生も含めて）はむしろもっていないと活動をしていくうえでしんどいのかもしれない。そんなことを、コンサルを始めていろいろな先生の相談に乗るにつけ、感じるようになりました。

「教室の先生」は、「先生」という職業柄どうしても「生徒さん」や「同業の先生」の意見が気になる習性があるようです。でも、ここを気にしすぎると本来もっと自分の意思をもって自由に伸びやかに運営できるはずなのに、動きが取れなくなってしまう場合があります。だからその時に発揮してほしいのが「鈍感力」なのです。


人の意見は謙虚に鷹揚《おうよう》に受け入れる必要がありますが、内容によってはスルーしたほうがいい場合があります。基準はそのアドバイスをしてくれる人が「自己中心的に」意見を言っているのか、「あなたのために」意見を言ってくれているのか、ここが大きなポイントになります。その誰かが「自己中心的」に自分の感情だけで言っているのであればスルーです。なぜならばその人は別にあなたの人生に責任をもってくれないからです。自分の人生は自分で責任をもつ。だとすると、何かを言われるたびにそんなに心がグラグラ揺れる必要もなくなります。

「鈍感力」のメリットは「立ち直りが早い」「へこたれない」「すぐに切り替えて忘れられる」「前向きに進んでいける」という点です。いつまでも引きずらないから精神的にも楽になりますし、事業の停滞感もなくなります。

私もおそらく普通の人よりは「鈍感力」はもっていたほうですが、「嫌われることを恐れない、本当に出会いたい人と出会う」ことを決めたときから、さらに強化されたように感じています。

「鈍感力」は主に人間関係において特に発揮される力ですが、「嫌われることを恐れない気持ち」とセットになっている部分は多いと思っています。

そしてこの時に大事にしたいのは、すべての感情をシャットダウンするのではなく、「怒りや嫉妬」という感情も自分で受け入れて許容するということです。それも含めて「鈍感力」だと私は定義したい。必要以上に反応しない、振り回されないためには素直に自分のネガティブな感情も一緒に受け入れる「鈍感力」があったほうがいいと思います。

そして「鈍感力」と同時に必要なのは「中庸《ちゅうよう》の心」をもつことです。

鈍感力と中庸の心

「中庸」とは「陰」と「陽」のバランスが取れている状態をいいます。仮に「怒り」のエネルギーを「陰」とするのであれば、「喜び」のエネルギーは「陽」のエネルギーになります。

もちろん、「ネガティブ」よりは「ポジティブ」のほうが何事もうまくいきやすい部分は多いので、私も基本は「ポジティブ思考」を推奨しています。しかし、それがいきすぎると、それはそれでバランスが悪くなることもあります。

ですからおすすめは「中庸の思考バランス」です。「偏らず調和が取れている」「過不足がなく、ちょうどよい行動や考え方をもつ」ということ。私自身もここを目指しています。しかし、私も人間です。「鈍感力」を使ったって、「中庸の心」をもとうとしたって「突発的に発生する怒りの感情」を抑えることはできないときもあります。そんな時は大きく深呼吸して、息をすうっと吸って吐いて、思考をクリアにしてから言葉を発することで「怒りの感情」を軽減することもあります。

決してネガティブな感情をもつなと言っているのではありません。それも含めて上手に扱える「鈍感力」と「中庸の心」をもって、マイペースに人生を送ってほしいのです。

第3章 まとめ

●成約を意識したシナリオ作りが大切。

●どのタイミングで何を言えば申し込みが決まるかを意識するだけで成約率がアップする。

第4章

成約までのプロセスが早くなる時間管理法

七つのキーワード④ 時間活用力

1 成約率が高い人は決断と行動が早い

私が多くのクライアントと接してきて感じている一つのポイントがあります。それは、**「即断即決能力」**です。

「意思決定までの時間が早いか遅いか」と言い換えることもできます。

たとえば、「参加したい！」と思うセミナーがあったとします。もちろん、そのセミナーは魅力的な内容で、仕事の役にも立ち、かつ以前から行きたいと思っていたもの。

その時、私の場合は「日程さえ合えば」すぐに予約を入れます。その決断には5秒もかかりません。条件が「日程さえ合えば」という点だけだからです。

この決断に時間がかかる人は、たとえば「お金がない」「新幹線代がもったいない」「レッスンが続いているから体力がない」「本当に行く価値があるのか」などさまざまな事情と理由を考えた揚げ句、そのまま申し込みを忘れてしまうのです。

もちろん、じっくり思慮したうえで自分の投資先を考えるのも必要です。しかし、普段から多くの情報に触れて**「自分にとって何が必要か」**を常にシンプルに考えている人は、タイミングよくその情報に触れると**「すぐに決断」**ができます。

意思決定速度は、そのままお客さまの成約率にも反映されます。

つまり、自分の事柄の意思決定速度が早い方は、**お客さまに対しても「お待たせする」ことがとても少ない。**なぜなら通常自分がその速度で動いているので、「待たせてしまう」ことは「申し訳ない」という感覚が身についているのです。

この「時間感覚」は特にビジネス社会においてはとても重要で、**「仕事ができる人ほど返信が早い」**という法則は100％に近い感覚で言い切れます。

ある知人の経営者から「主婦からプチ起業の人は時間を守らない、返信が遅いから話にならない」ということを聞いたことがあります。確かに「一般的な主婦感覚」からすると、ビジネス界の時間感覚は相当早いかもしれません。だからこそ、主婦から転身して起業する方は**「時間の使い方と感覚」は特に意識したほうがいい**と思います。

これは、あなたがお客さまとしてサービスを受ける側になったときのことを想像してみましょう。自分がお客さまだったときには、「返信が遅い」だけで「本当に届いているのか」と不安になったと思います。**結果として「不安」は「不信感」に変わっていきます。時間がかかるほど「不信感」が募ります。**

逆に**返信が早ければお客さまは「安心感」をもち「信頼」を感じます。**この観点からすると、すでに申し込みや問い合わせの時点であなたは無意識に判断されているのです。

「成約率が高い方」は、あらゆる業界でも「トップセールス」と呼ばれる方ですが、この方たちはとにかく**「返信が早い」**かつ**「マメに連絡をする」**方たちです。細切れの時間を一瞬たりとも無駄にせずに、返信したり手紙やハガキなども書いたりしています。とにかく時間の使い方がとても上手なのです。

私も以前にこんな経験がありました。

ある時、すごく有名な写真家の先生の写真集と本を買いました。その本の内容にとても共感したので、その興奮をそのまま伝えたくて深夜0時ごろでしたがメールを送りました。私は自分の感動を伝えたいだけだったので、特に返信を期待してはいませんでしたが、その日の深夜1時30分ごろに丁寧な返信メールが届いたのです。私が感激したのは言うまでもありません。その人柄・人生観はまさしく本に書いてあったとおりだったので、私はその人のことがもっと好きになりました。

その時以来、私は「こんなに有名な人でもたった1人の名もないファンを大事にするのか」という気づきから、**自分の時間の使い方とお客さまに対しての心配りを見習って自分でも実践するようになった**のです。

このような気持ちで全方向に対応していると、個人、法人問わずとても「信頼」していただけるようになっていきました。特に「法人」の方は「応対スピード」が遅いと、それだけで取引がなくなる場合もあります。「納期・時間厳守」はもちろんですが、**相手の期待値の返信速度や応対速度よりも早い**と、それだけでも**「信頼」が得られて仕事がスムーズにいく**ことを実感しています。

結論として、教室業・そうでない職業にかかわらず**「時間の使い方がうまい人&返信が早い人」は「信頼」してもらえるので「成約率」が高くなります。**話がうまいから成約する、というよりもそれ以前の土俵で実は勝負がついていることだってあります。

時間の使い方、信頼される応対になっているかをセルフチェックしてみてください。

2 アプローチは当日中に行う

「三歩歩けば忘れる」動物といえば「鶏」が有名です。「ニワトリ」は「犬」などと違って芸もせず、物覚えも悪く人に従わないことから引き当てられたという説があるそうで、**「すぐに忘れてしまう人」または「よく忘れる人」を表現する**ときにも使われます。

人間の場合、鶏ほどは早く忘れませんが、**時間の経過とともにその記憶は薄れていきます。**ですから、**お客さまへアプローチする際も、当日中に行うのがよい**のです（左図参照）。

これは、ドイツの心理学者ヘルマン・エビングハウスが発表した**「エビングハウスの忘却曲線」**（時間の経過によってどれだけ忘れるかを数値化した表）を基に説明することができます。

正確には「記憶の定着率」と「記憶の呼び起こしにかかる時間（節約率）」を実験したものですが、ここでは、「時間の経過とともに覚えている度合い」と「それを呼び起こして記憶を定着させるには」という観点で理解してください。

「エビングハウスの忘却曲線」で見る お客さまへのアプローチ時間

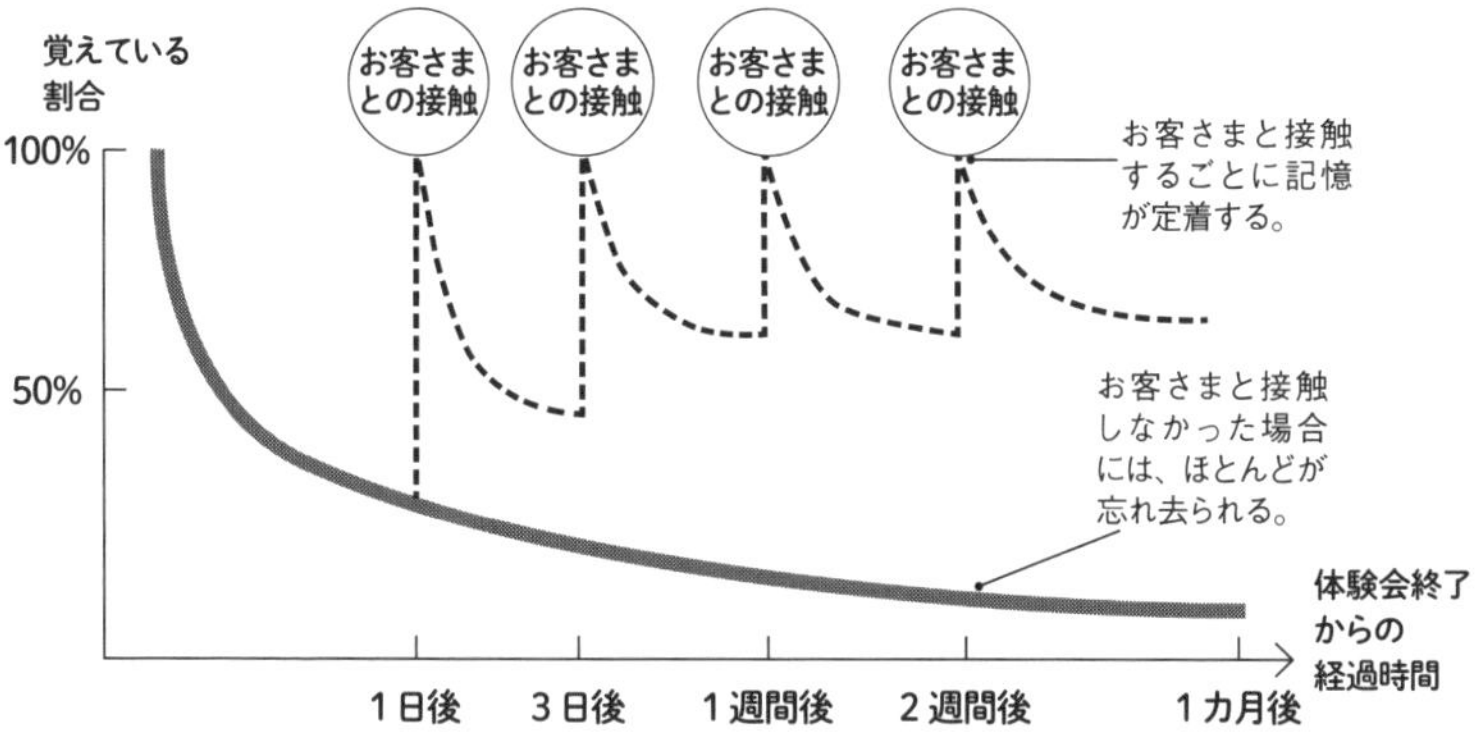

＊お客さまとの接触＝メール、電話、動画、対面等でコンタクトを取ること。

これを基に「**お客さまへのアプローチ**」**の最適時間**についてお話しします。

私は元からこの忘却曲線を知っていたわけではありませんが、営業的な肌感覚で**「気持ちの熱量」**と**「成約率」の関連性**はなんとなくあるのだろうと感じていました。

たとえば、体験会を開催したとき、「今後参加する・しない」の意思確認を**体験会当日**にするのと、翌日にするのとでは結果は異なります。

なぜなら、**翌日だとその時の気持ちの70%は忘れてしまっている**からです。そこから再度気持ちを確認して、その時の気持ちになってもらい、もう一度説明するのは、実はとても骨が折れる作業なのです。

「人は忘れやすい生き物」ということをおわかりいただくと、**「押し売りと思われるのがイヤ」「しつこいと思われるから聞けない」という思い込みは教室運営において、どれだけ非効率**なことなのかも理解できると思います。

ただし、じっくり検討してほしい高額レッスンなら、逆に**気持ちが冷静になった翌日以降に聞いてみるほうがいい場合もあります。**ケースバイケースで対応してください。

当日中のアプローチ方法はいろいろありますが、体験会終了時に一度意思確認をした際に、すぐに決められなかった方、じっくり考えたいと申し出があった方には、**「期限を決めて」待つ姿勢を伝えましょう。**

たとえば、「本日の提案内容は体験会に参加いただいた方だけのプランで、今日から3日間有効です」などと**期限を区切ると、相手も真剣に考えてくださいます。**これも熱意がある当日だからこそ、効いてくるポイントになります。

3 生徒さんとの距離を縮めるには接触回数を増やす

人は、**接する回数が増えるほど、その対象に対して好印象をもつようになります。**これを心理学用語で**「ザイオンス効果」**といいます。

昔、賃貸の古アパートに住んでいたときのこと。近所の野良猫が懐いてしまったことがありました。「にゃー」と言われたときに「にゃー」と答えてなでてあげたのがきっかけで、会社に行くときや帰宅時にどこからともなく現れて、お見送りとお出迎えをしてくれました。太ってコロコロしていて、美形ではなかったのですが、毎日けなげに顔を出してくれていたので、いつしか私はその猫を「かわいい」とさえ思っていきました。まさに**「ザイオンス効果」**でした。

これは教室運営においても同じです。

SNSで発信する、ブログを書く。苦手だし、毎日続けるのが面倒だという方もいるかもしれません。でもなぜやり続ける必要があるのかというと、**生徒さんとの接触回数を増**

やして「ザイオンス効果」を狙うためです。

私は開業当初、さまざまな媒体での発信を「お仕事」と割り切って淡々と毎日アップしていました。よく**「モチベーションが上がらないから書けない」**という話も聞きますが、**「タイムカードを押すのにモチベーションはいらない」**のです。つまり、タイムカードを押すのと同じくらい、**SNSの発信は当たり前のこと**といえます。

とはいえ私の発信量はそれなりに多かったと思います。ブログも動画も合わせれば軽く**5000本は超える量を発信**しています。そうなってくるとどうなるか？

まさに**「ザイオンス効果」**です。ある一定のコアなファンの方が私のブログや動画を見てコメントをくださったり、レッスンに参加してくださるようになりました。そうすると当然張り合いも出てきますし、楽しくなってくるのでますます発信量は増えます。

少なくとも、何らかのWEBサイトで**1日に1回は発信**をしてください。そうしたことで、あなたをそんなに意識していなかった人も多くの情報に触れることによって、ファンになっていき、結果として集客も成約も楽になります。

「接触頻度は多ければ多いほうがいい」。そのためにSNSという便利なツールがあります。個人が自由に発信できるいい時代になったなと心から思います。

4 クレーム対応の早さは最大の成約体質を作る

「クレーム（苦情）」はなければそれに越したことはありませんが、気をつけていても起こることはあります。この、メンタル面でも実務面でも辛《つら》い**「クレーム」という事象を少し「科学的に」読み解いてみます。**

まず考えたいのが**「なぜクレームが発生してしまうのか」**という点です。

クレームが発生する**4大要素**があります。

①商品サービスの欠陥　②応対のまずさ　③システム上の問題　④お客さまの勘違いです。

しかもこのなかで特に長く利用して信頼してくださっている「優良顧客」の4割が**「クレームそのもの」よりも「クレーム対応に対してのクレーム」をもっているというデータ**があります。

教室に置き換えると、長年通ってくださっている信頼関係が厚いはずの生徒さんほど、応対を間違えるとより大きなクレームに発展する可能性があるということです。**教室の場合は、ほぼ②番と④番が要因の8割を占める**のではないかと思っています。

特に②番「応対のまずさ」を助長する原因の一つに「時間」があります。

厳しい言い方ですが、主婦から起業した先生は感覚が鈍いと感じるケースが多いです。

【クレームはすべての業務を止めてでも、最大限迅速に対応するべきもの】と営業時代に言われていました。実際にそのように対応していました。**クレームの放置時間が長くなるほど、お客さまの怒りも問題解決の難易度も、恐るべき速度の正比例で**2倍・3倍・5倍速で上がっていきます。ここを把握していない方が案外多いです。**放置すると、分刻みで解決に向かうための難易度が上がっていく**のです。

クレームがあったときには原因はなんであれ、ご自身がパニックに陥る可能性があるのも十分に理解しています。実際に頭が真っ白になってしまった先生から相談を受けたこともあります。

そんな状態でも一番にしなくてはいけないのは、**【お客さまにまず、第一報のおわびを入れること】**です。原因や対応は後で構いません。

とにかくおわびは「その事象そのもの」に対してするのではなく**「そんな不愉快な気持ちにさせてしまったこと」に寄り添ってする、**これが一番に必要なことなのです。

この初動を誤ると、「感情がこじれて」しまって、冷静に話を聞いてもらえなくなってしまいます。誰が悪いとか何が悪いという前にまずは、「そんな気持ちにさせてしまって申し訳ありません」。まず**「気持ちに寄り添う」**。これがクレームを最小限に抑えるベストな対応です。

この時に**ポイントとなるのは「時間」**です。クレームは突然発生します。他に入っている用事との兼ね合いもありますが、とにかく**「最短最速で連絡を取る」**。これを心掛けてください。怒られるかもしれない自分を想像して連絡ができなかったという話も聞いたことがありますが、これは最悪です。クレーム発生時は**自分よりもお客さまの気持ちを優先**してください。実際には、お客さまの勘違いという場合もあります。その時は謝り損というこ とになりますが、お客さまに貸しを作ったことになるので実はその後、超ＶＩＰ顧客に変わることだってあるのです。

クレームの主な要因は事象そのものよりも**感情の行き違いであるケースがほとんど**です。

この時に最大限注意を払いたいのは「**対応までの時間**」です。ここは迅速に動いてください。

そして、**クレームは同時に最大のチャンス**でもあります。

クレームにきちんと対応することでむしろ**信頼貯金が一気に上がり、超優良顧客**になることも多々あります。そして、自分の経営体質においても、そのクレームをきっかけに改善を繰り返すと、品質が上がって結果としてはもっと多くの方に喜んでいただけます。

クレームはないほうが精神衛生上はいいかもしれませんが、たとえあったとしても、クレームは「**お客さまからの問題提起**」。暗黙のうちにお客さまが離れていくよりもずっといいです。クレーマーでない限り、言うほうも本当は気力体力が必要な作業なのです。

クレームはありがたく受け取り、最速で対処改善してしまいましょう。

5 集客と成約が自動化するループを生み出すコツは短期と長期の組み合わせ

私は独立開業して最初に「**集客**」に取り組み、その集客のエッセンスに「営業」の視点を取り入れていたため、知らず知らずのうちに「**成約率**」**も高く運営**できていました。**「ネットとアナログのハイブリッドな集客・成約」**ができていたのだと、いまになって気づきました。**営業視点**があったことで、他の方よりも「成約」の苦労は少なかったかもしれません。

そんな私が数年教室を運営するうちにさらに気づいたことがありました。

それが**「集客と成約は短期戦&長期戦を把握して取り組むこと」**の重要性です。

短期とは、毎日発信するSNS、長期とは自分のファンを集めたコミュニティーを作ることです。集客には、この**短期視点・長期視点をもっておくことが大切**です。

おそらくこの視点は、日々忙しく教室のレッスンをこなし、生徒さんの応対をこなし、レシピ開発をして日々が過ぎていく先生にとってはあまりなじみのない考え方だと思います。

コミュニティーとは、お客さまが自然と**「集まる仕組み」**で、**「信頼作り」**です。言い換えると、普段からあなたのファンをどれだけ地道にあなたが作っているか、この点に尽きます（134頁の図参照）。

教室のファン、それがすでに通っている生徒さんであれ、これから出会う新規の人であれ、**きちんとした「ファン作り」**をそもそもやっているかやっていないか、これが結果として**集客を楽にする一番のポイント**だと思うのです。

この状態はしばしば**「釣り堀」**に例えられます。個人的にはお客さまを「魚」に例えるのはあまり好きではないのですが、わかりやすいのでこの例でお伝えします。

まず**生徒さんを「釣り堀の魚」**だと思ってください。そして**あなたのレッスンが「魚の餌」**です。集客のメカニズムと釣り堀の仕組みは一緒です。

おなかをすかせた魚がたくさんいるいけすに餌をまけば、争って魚たちは餌を食べにきます。この**魚が集まってくる状態が「お客さまが集まってくる状態」と一緒**なのです。

もちろん、お客さまは人間ですからいけすに飼うことはできませんが、「信頼コミュニティー」のなかに属してもらっておくことはできます。そしてそれは別に鎖でつないでいるわけでもありませんので、喜んで「そこにいてもらう」という状況を作っておく必要があります。魚ではなく人間に対しては「役に立つこと」「楽しいこと」を体験できることが、おそらく「そこにいる」大きな理由になります。

これを実現しようとすると**時間軸的には長期戦略**になります。日々の情報発信、それによって信頼残高を上げて、そのコミュニティーにいてもらう、という**非常に地道で地味な作業**になります。

だからそれを日々の忙しさに紛れてやらない先生が多いのを知っていますし、地味でなかなか成果が上がらないため、気持ちが萎《な》えて続かない先生がいるのも知っています。それでも、ここが**しっかり構築できるとその後が格段に楽に**なるのです。

最初の3年が一つの区切りだと思っています。ここを積み上げつつ、短期的に生徒さんが喜ぶ企画（餌の部分）を適度なタイミング（おなかがすく）でリリースすると、集客は格段に楽になっていきます。いつも短期決戦ばかりだと自分が疲弊するので、集客のメカニズムを理解して**「短期戦略と長期戦略」を意識した集客設計**をすることがとても大切です。

集客から成約のプロセスと自動集客の流れ

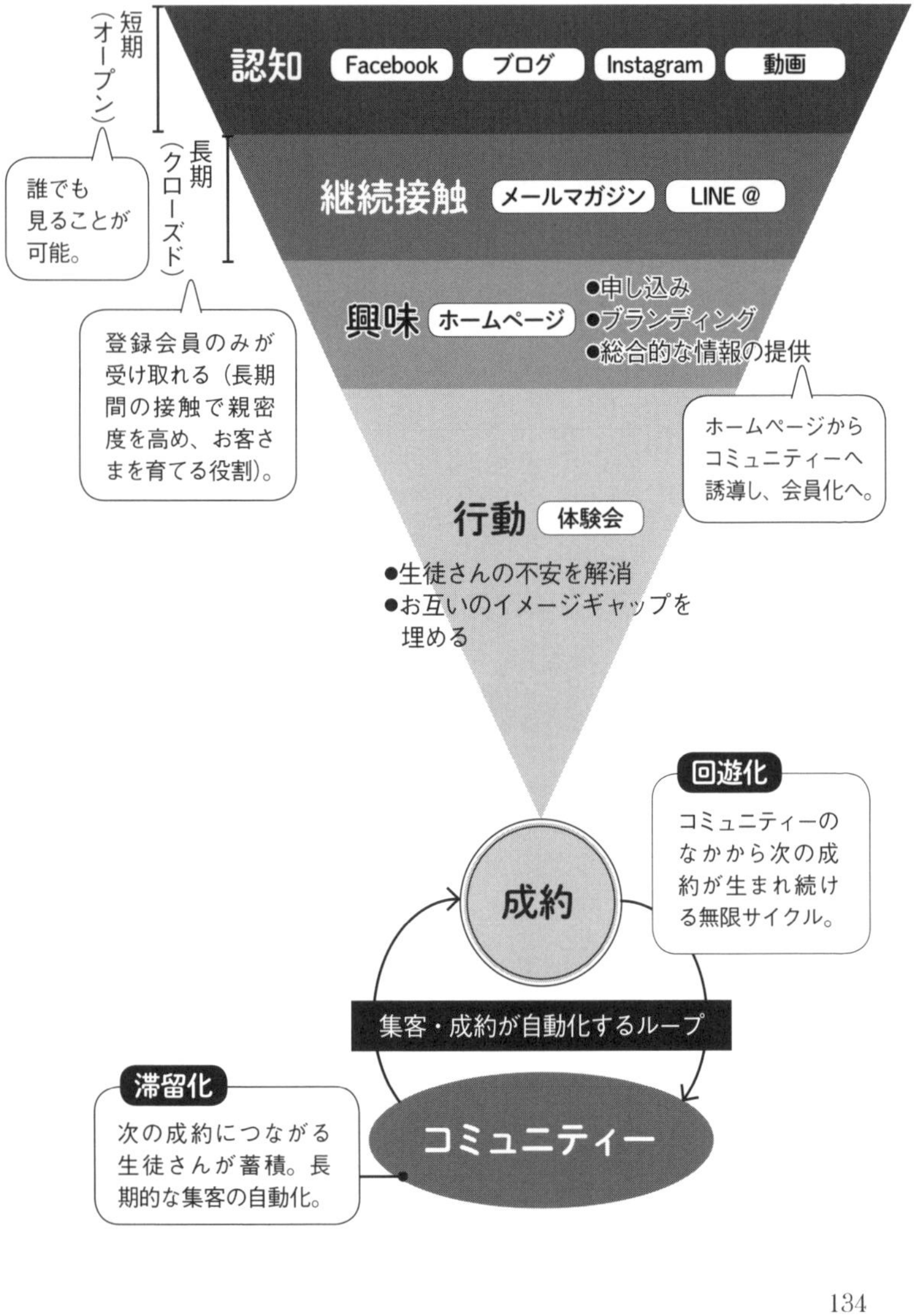

Column

Chapter 4

等身大の自分でいることを心掛ける

よくも悪くもＳＮＳ全盛の時代。「リア充」（現実の世界が充実している人）という言葉がはやったように、「実際に充実していなくてもキラキラ楽しく毎日を送っているように発信しなくてはならない」と感じて、虚構の自分を演出する人が増えたのもこの時代の特徴かもしれません。

私のＳＮＳの発信は極めて等身大の状態で行っています。

「え？　高橋さん　よくいろんな衣装着た写真アップしているじゃないですか」と言う方もいらっしゃいますが、あれも好きでやっていることです。

なぜするのかというと、私自身が「自分の印象が変わる変化」を楽しむ人であるということと、私の活動や動向を見てくださっている方が画面に変化があるのを喜ぶからです。一種のファンサービスかもしれません。でも別に苦痛を伴ってやっているわけでもなく、「自分も楽しんで」やっている、これがポイントです。

もちろん、コンサルタントという職業柄、結果さえ出してくれるなら見た目はどうでもいいという人もいると思います。私も、もちろんクライアントのほしい成果には全力で向き合ってアドバイスしています。

クライアントの声に「厳しくも温かいアドバイス」のような声が多いのも、「言うことは言うし、やることはやっている」からだと思います。セミナーなども「エンタメライブセミナー」＝「楽しく学べるエンターテインメント型セミナー」と題して開催しているので、ファッションも見ていてワクワクするとか楽しいほうがいいと思い扮装《ふんそう》しています。

「そんなことをしているとファンが減るよ」と言う方も、いらっしゃるかもしれません。では逆に、「等身大」の自分でない自分を気に入ってもらっても何の意味があるのでしょうか？　繕っていてもいずれ素の自分を見せる瞬間が来ます。その時にそれを見て離れられるのを恐れるなら、最初から本当の姿で勝負したほうがいい。だから無理はしない、等身大でいるほうがよいのです。

いまの人は「発言の一貫性」を重視します。あらゆるＳＮＳの発信を巡回して「あ

等身大の自分でいることを心掛ける

なたの人柄」を判断するのです。背伸びをした等身大ではない発信（画像・文章）は必ずどこかで破綻していきます。写真・文章がうまい下手という問題ではないのです。もし写真も文章もそんなに上手ではないと思っても、あなたの個性は必ずもろもろの発信に色濃く反映されます。

私はクライアントのＨＰの文章などもよく添削しますが、あくまでも文章はご本人に書いていただいています。

文章が苦手な人でもなんとか書いてもらっています。私が書くと「私の文章」になってしまうからです。文章のなかからにじみ出る人柄は、私が最初から書けるものではありません。個性を生かしながら伝わりやすいように文体は整えますが、まったく白紙の状態から私が書くことはありません。それこそ、等身大ではない状態を作ってしまうからです。

また、等身大とは「自分基準」という言葉でも表現できる内容です。そして教室の先生が陥りやすい自分基準に対しての残念なエピソードを一つご紹介します。

もしも、私があなたに「なぜ教室を始めたいと思ったのですか?」と尋ねたとしたら何と答えますか。

私が体感している一番多い答えは、「生徒さんの喜んでいる姿が見たくて教室開業したい」です。

私も開業当初は同じ気持ちでした。人生の職業選択において「ありがとう」と言ってもらえることを職業選択の基準にしてきたので、とてもよくわかります。

しかしこの答えは実はとても残念な側面ももっています。そこに気づかないと思いがけないストレスを抱えたり、事業がうまくいかなかったりすることもあるのです。

その残念な側面とは、「生徒さんが笑顔にならなかったら、教室をやる意味がないのか」ということ。具体的に言うと「あなたのうれしさや動機は生徒さんの気持ちに左右されるものなのか」ということです。

これ、「他人基準」です。

もちろん、コンセプトは生徒さんに喜ばれるもの、感謝されるもの、必要とされるもので構成することは必要です。

等身大の自分でいることを心掛ける

しかし、そこに必ずあなたの「自分基準」が入っていないと、いつでも感情や外界の情報や口コミや意見に左右されて心身にストレスを感じることになったり、高い価格をつけることに躊躇《ちゅうちょ》してしまうことになります。

すべての人があなたの教室を気に入らなくてもいいのです。自分基準をしっかりもてば、批判されたりしてもそんなに落ち込むこともありません。生徒さんの言葉に振り回されることもなく運営できるようになります。人が幸せなら自分も幸せという他人基準で活動すると自分がどんどん苦しくなります。

幸せ基準も人任せにしない。コントロールできないものに、自分の気持ちを預けない。自分で自分を幸せにする軸をもつ。そんなイメージをもっていただきたいと思います。

第4章 まとめ

●成約率を時間という観点から考えるときには、「行動の早さ」が重要。

●成約率と時間の関係は密接。早ければ成約率が上がり、遅ければ成約率が下がる。

第5章

成約の数字と仲よくなれるかんたん分析術

七つのキーワード⑤数字分析力

1 成約しやすい価格設定の方程式

価格設定は「経営の肝」ともいわれる部分で、ここを戦略的に作るかどうかで年間の売り上げが大きく変わるだけではなく、時間の使い方、サービス提供のレベルなどあらゆる**経営の原資を左右する重要なポイント**となります。

しかし、実際には**「安易なイメージで価格設定」**をしている教室の先生が多いことに気づきました。

「安易なイメージ」で価格を決めてしまう**要因は二つ**あります。

一つは「予約が入らない恐れ」から「近隣教室の価格」だけを参考に値付けすること。

もう一つは「価格に見合わない（割高感への不安）」「顧客からクレームを言われるのが怖い」から周りに合わせた価格にしておくことです。

感覚的には一つ目の要因が**80％**、二つ目の要因が**20％**ぐらいのイメージです。

特に「高いと言われるのが嫌」という感覚は「自分に自信がない」ことの裏返しで、実

顧客心理から見る三つの価格

1	**絶対価格**	仕入原価以下にしない価格
2	**相対価格**	他店比較対抗価格（場合によっては、赤字でも行うことがある）
3	**感情価格**	趣味領域で発揮される価格（そのものの価値はその人だけのもので、値段の高低は関係ない）

↓

成約率アップにつながるのは、**感情価格**

は無意識に考えていることが多いです。

ここは自分の得意領域をしっかりと理解する必要があります。おおよそ、このタイプの方は**「コンセプト設計」をしっかりやっていないケース**が多く、外部に向かって発信する以前のレベルで、自分の教室の魅力を深掘りできていないので**「正当な価値ある価格」**をつけることができないのです。

これは決して「高い値段をつけなさい」といっているのではなく、「正当な価値ある価格」つまり**「適切な価格」**をつけてほしいということです。

前著でも、顧客心理面から見た価格設定として**「①絶対価格　②相対価格　③感情価格」**について言及しています。そして、現在の教室運営における顧客の購買心理は「**③感情価格**」（その人にとって価値があるものなら高くても買ってしまう趣味的な金額の領域　例：ビンテージ、アンティークなど）の領域に近いものがあります（143頁図参照）。

だから「気持ちが納得する・理解しやすい価格提示」をすることも結果としては成約率を上げることになり、その際の顧客心理を理解する必要があります。

「成約しやすい価格設定」を考えた場合に、**「価格の見せ方」も重要**です。

脳の働きから考えた場合、**「選択肢が多すぎると脳はストレスを感じて意思決定が困難になる」**という話があります。

これは、私もクライアントのＨＰ診断をする際に体験していることです。「レッスン種類が多品目（例：料理・菓子・パン・アイシング・スクラップなど）で多領域にわたる展開をしている教室のメニュー」を見ると、実はそれだけで疲れてしまいます。いわゆるなんでも売っている**総合デパート型**です。この時に脳が疲労するという感覚がよくわかります。**「選ぶ」という行為にストレスを感じてしまう**のです。

先生としては「親切心」から「こんなにたくさんのことが習えますよ」とアピールしたいのかもしれませんが、**「成約」という観点から考えると、実は逆効果**になっていることが多いのです。顧客の立場に立つと、選択肢が多くて見るのが面倒になると「そのWEBサイトから離れる」という決断をして「他のWEBサイトに行く」のです。

あなたの教室のメニューは大丈夫ですか？　多すぎる場合には少し絞ったほうが、むしろ決まりやすくなる可能性があります。

ではどうやって減らしていくのか、絞り込むのか、この時に役に立つ考え方が**「松竹梅の法則」**です（146頁図参照）。**「3段階の価格帯を設定しておくと、多くの人は真ん中の価格帯を選ぶ」**という購買における心理傾向です。たとえば、お寿司屋さんで、

・松　10000円
・竹　5000円
・梅　3000円

というメニューがあった場合、多くの人は、真ん中である**「竹」を選ぶ傾向**があります。

その比率は「松＝2：竹＝5：梅＝3」といわれています。あなたも竹を選んだ経験があるのではないでしょうか？　なぜかというと、行動心理学的に**「極端の回避」**という、極端に「高い」「安い」で失敗したくない心理が働くため、成功確率が高い妥協点の「竹」

成約を促す三つの価格設定

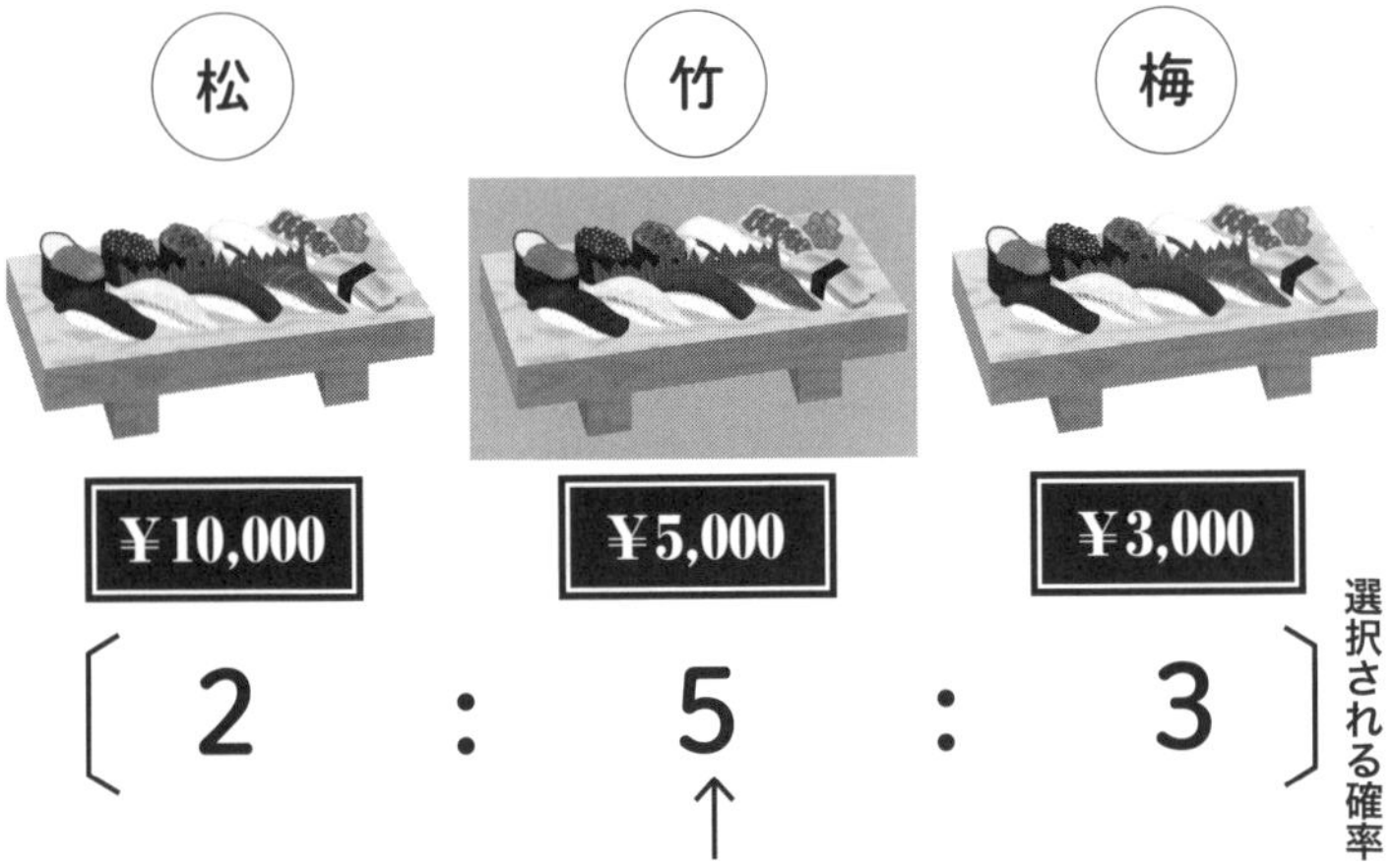

を選ぶ傾向が強いのです。そして、これがもし「高い・安い」の二択だった場合、お得感のある「安い」を選ぶ傾向にあり、その割合は約7割といわれています。

ですので、単純に価格が二つ用意されているのであれば、本当に売りたい商品が真ん中になるよう**三つの商品で設計**すると、結果として**「真ん中」**が売れやすくなるのです（上図参照）。

私は、この法則をいろいろなところで応用しています。

パン教室のときには、「コース展開」に応用しました。**一番売りたいコースが「真ん中」に見えるような設計**をして、実際に思惑どおりそのコースが一番売れました。そしてこの時にわざわざ「そんなに人気がないかもしれない」というクラスも一応作ったことがポイントでした。三つの選択肢を作ったことで「真ん中」に集中して予約が入ったので効率もよくなったのです。

実はこれは営業時代にも使っていた方法です。価格だけではない提案も**「三つ」の選択肢を提示して選んでもらっていました。**こうすると、何かしら「選んでもらえる」確率がグンと上がるのです。逆に**二つだと「迷って選ばれない」確率が上がる**のです。その感覚をそのままパン教室に取り入れたことがヒットの要因の一つです。

脳がストレスを感じない選択肢は**「3個から5個まで」**といわれています。しかも特に**「3」が決めやすい。**選択肢が多いと行動的には「決定回避の法則」が働き「迷うから決めるのをやめておこう」となり、WEBサイトの場合には「離脱」という現象が起きて、決まらないどころか、「再訪問がない」ことだってあります。

せっかく検討してくださっているお客さまを「迷わせて」逃すのはもったいないです。**成約率が低いWEBサイトは「見た目が複雑」**です。**「わかりやすい価格設定」**はお客さまに親切でもあり、結果として成約率も高くなることを理解して価格設定をしましょう。

2 本当に売れるレッスンを作るリサーチ&分析術

「売れるレッスン」を作るには、**「予測」と「改善」**の二つの段階に分かれます。

誰でも、開業時はまだ生徒さんがいませんので、**「予測」**ベースでレッスンを組み立てなくてはいけません。その際に徹底的にリサーチするのが、「来てほしい生徒さんのライフスタイルと困りごと」です。年齢、家族構成、なぜ教室に通いたいのか、何に困っているのか、その年代の人やそのライフスタイルを選ぶ人は何が好きなのか、趣味嗜好《しこう》、食べ物の好み、好きな場所、旅行、音楽、ファッション、生活様式など雑誌やインターネットなどで検索しながら、自分のレッスンを組み立てていきます。

私がやりたいレッスンというより**「求められるレッスン」を予測**します。

そして、ある程度形になったら「イベントレッスン」（単発レッスン）を組みます。それは**リサーチが目的**なので、価格は安めで参加してもらう人数を多めに集めます。そして実際の参加者の声を聞き、このクラスが本当に世の中に求められているか、さらに人に来て

パン教室アトリエリブラ「7つの天然酵母クラス」のポジショニングマップ

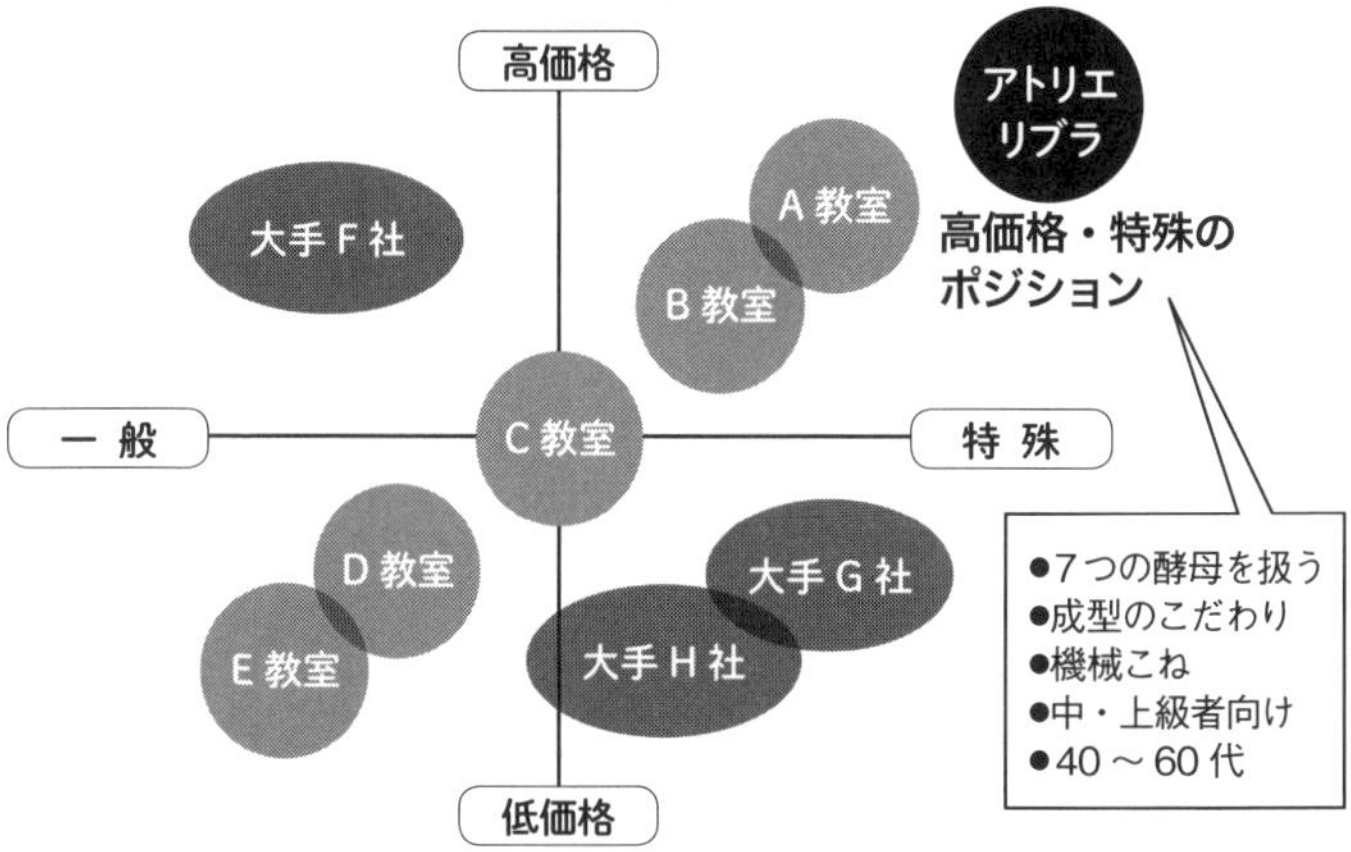

もらえそうかを検討してからクラスを作って募集します。

　この**テストレッスンをやってからメインレッスンを組み立てる**と、本コースの成約率が高くなりますが、同時に自分で自分のレッスンを客観的に判断するシビアな目も必要です。

　実際に私のパン教室を例にご説明します。

　上図は、マーケティングでよく使われている**ポジショニングマップ**です。**「業界において自社製品・サービスが競争優位性のある独自のポジショニングを取るための分析手法」**として知られています。わかりやすくいうと、「自分の教室が競合教室とどのように**差別化**し、どのような**独自性で顧客にアピール**できるかを考えるツール」です。

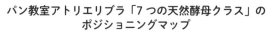

ポジショニングマップは縦軸と横軸からなっており、この例では**縦軸に価格、横軸に特徴**を表現しています。

私の教室は**「高価格で特殊なパンを教える教室」**という特徴を打ち出すことにしました。まず価格は、当時**7割近くの教室が採用していた一般的な価格帯**が3500〜5000円程度だったのに対して、私の教室では7000〜9000円で値づけしていました。そして、レッスンの内容も、**「特殊」**のほうに振り切ったコンセプトを作ったのです。当時、七つの酵母を同時に教える教室はなかったように記憶しています。

他にも、業界的には需要の少ない方向へ舵を切った点がいくつもあります。たとえば、**業界で2割程度しかない**「成型をメインに教える」、**業界で2割以下**の「機械こねだけ教える」、業界で**3割以下**の「中・上級者向けクラス」、年齢層も手ごねを好む30代ではなく、楽にパンを作りたい**「40代以上」という「特殊な条件」**を設定しました。

高価格帯の教室運営をするために必要なことは、高くても習いたくなるような魅力。そこで「特殊な」特徴をいくつも重ねて作り上げたクラスが、「7つの天然酵母パンを楽しむクラス」でした。

リサーチにあたっては、まず近隣教室の状況を把握しなくてはなりません。そのため、インターネットで「パン教室・横浜」「天然酵母・パン教室・横浜」というキーワードで検索し、**上位50社のHPを見て**、**内容と価格帯を分析してマップに落とし込んで、自分の教室のポジションを決めました。**

一般的な個人教室も大手のパン教室も、どちらも競合になります。それぞれの教室には特徴がありますので、その特徴に対して自分の教室の優位性をどう見せていくかが、**売れるレッスンを作る重要なポイント**になります。

「そんなに顧客層を絞り込んだら、誰も来ないのでは」と思われるかもしれません。

しかし、当時のホームベーカリーの1年間の出荷台数は200万台。つまり、少なくとも、なにかしらパンに興味がある人がそれだけいるとわかったので、仮説を立てることができました。もし、興味がある人が少ない場合には、もう少し特徴の見せ方を変えないと誰も来ないということにもなり得ます。

つまり、**売れるレッスン作りは、お客さまのニーズがあり、かつ、ライバル不在のポジション探しができているか否かによります。**これを導き出すための**リサーチ力と分析力も身につけると、高確率で成約しやすいレッスンを作ることができる**ようになります。

3 リピート客を重視した戦略的な値引き

「値引きをする場合には戦略的にしてくださいね」とクライアントによく伝えています。

もちろん、私も**「戦略的値引き」**は意識して料金設計をしています。

「値引き」はある意味「劇薬」なので、乱発していると、値引きしないと成約しない自己体質を作ってしまい、経営が危うくなります。また、他に**「成約するための提案」**を考**える思考能力**も低下してしまうのです。

「成約のための安易な値引き」はあまりよくありません。ましてやその先の計算などもせずに値引きするのは控えましょう。

たとえば、新コースを作った際、「お客さまの声」をモニターとしてほしい場合には、定価の30%オフなどの「キャンペーン価格」を設定することがあります。

これによって、「宣伝効果」を「広告宣伝費的に金額換算」しても「効果がある」と判断できる場合には、実施してもOKです。新コースなら、レッスンのタイムスケジュールをシミュレーションしたくてもモニター募集する場合もあるかもしれません。それも含めて安めの**「モニター価格」**としてご参加いただくので、お互いにメリットは相互交換になります。

しかし、**目の前の人に成約してもらいたいために、場当たり的に「値引き」**をしてしまうと「定価で購入した人の信頼も失う」ことになりますし、「値引き」をした人さえ、定価に対する正当性を感じてもらえなくなることもあります。それぐらい「値引き」はデリケートな施策なのです。

この戦略的値引きを考えるときに一つの指標にしてほしいのが、**「顧客生涯価値（Life Time Value　ライフタイムバリュー＝LTV）」**という考え方です。**LTVとは「1人の顧客がその取引期間を通じて企業やブランドにもたらす価値」**です。

さて、いま一度、顧客生涯価値（※以下、LTVと記載）の話に戻します。

LTVとは、次の三つの数字から成り立ちます。

①顧客からもたらされる利益
②顧客の維持率（維持期間）

③顧客維持に関わるコスト

少し難しい話なので、私の教室を例にご説明します。

たとえば、コースレッスンに1年間通う人を想定した場合、**①の利益が約1万円（1回あたり）**だったとします。**②の維持期間が1年**なら1万円×12回＝**12万円**になります。**③のコストはメルマガとブログを書くぐらいで、**ほとんど広告を使っておらず**0円に等しい**ので、**1人の平均LTVは約12万円**になります（左図参照）。

通常、教室の先生は初期段階で広告を使う方は少ないので、お金を投資するとしたら値引き部分になるでしょう。

前述の例でいうと、1回の申し込みで1年間通う人を確保できるならば、**広告費の投資率10〜30％**と考えた場合に、最大3万円まで値引きをすることは可能です。しかし、**教室事業の場合には、安易な値引きはおすすめしません。**

値引きがうまく機能していたビジネスモデルの例として、かつての携帯電話の料金モデルがありました。「本体0円」で「月々の通話料で稼ぐ」という料金体系で、このプランによって「他社から乗り換えの新規顧客」を獲得していました。

現在は規制がかかったのでそういう表記にはなっていませんが、こちらも**LTVを計算**

LTV（顧客生涯価値）の考え方

LTV（顧客生涯価値）＝平均購入単価×平均購入回数

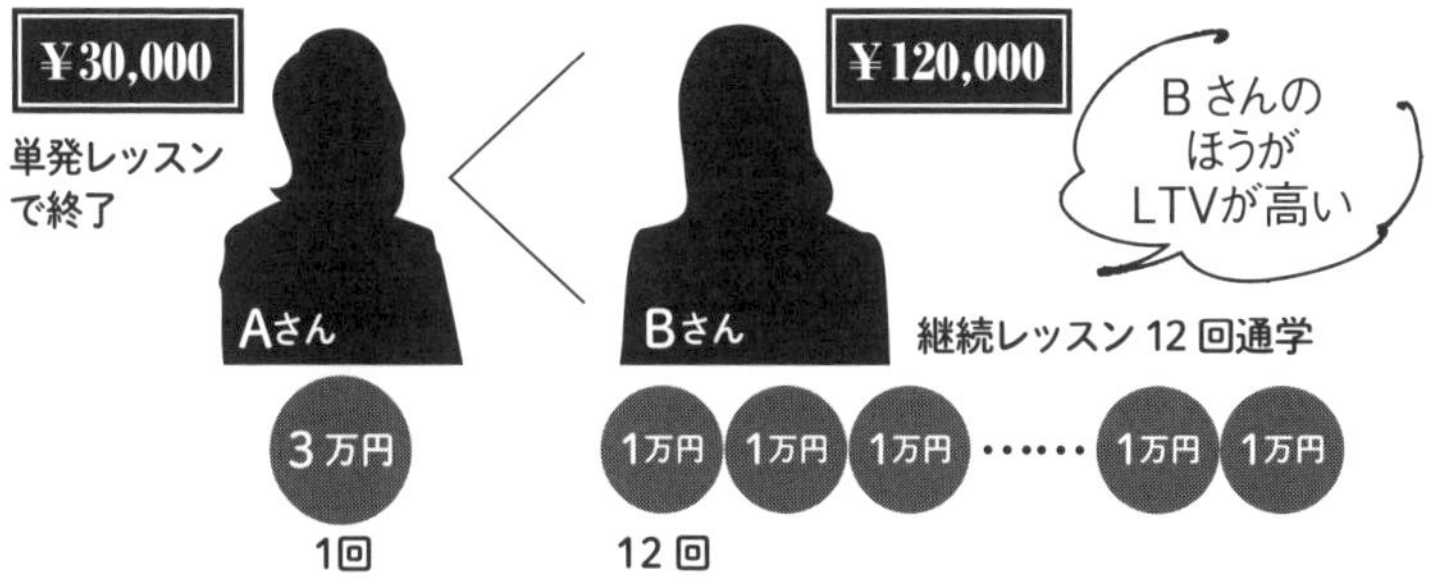

リピート購入が見込めるLTVの高い商品なら、初期赤字（値引き、広告等）でも利益計算が成り立つ。ただし、計算が見込めていない場合（単発レッスン等）で安易に値引きすると赤字になってしまう。

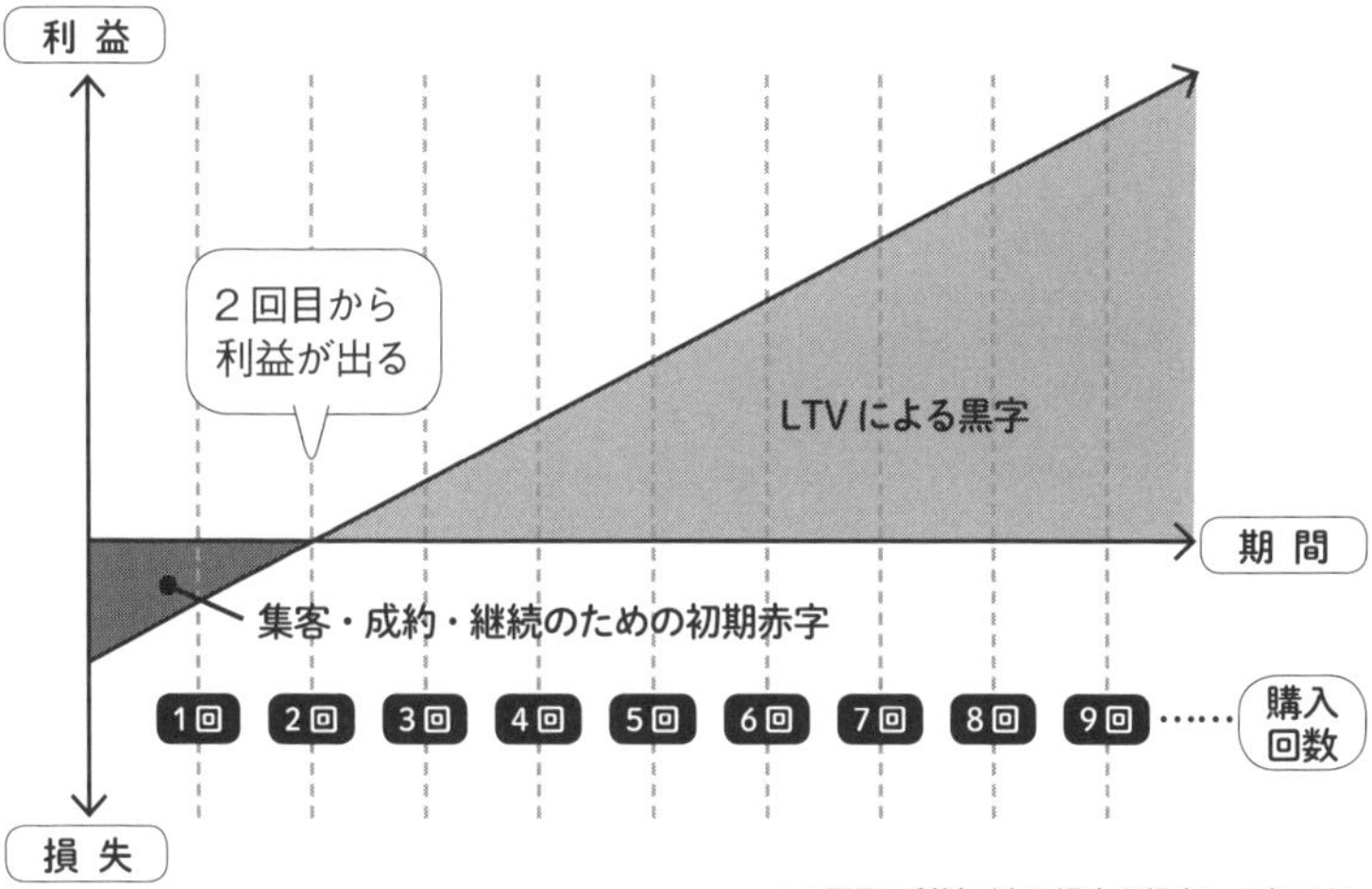

＊2回目で利益が出る場合を想定した表です。

しているから、本体を0円にしても（値引き）通話料で利益が出る仕組みになっているのです。

このようにＬＴＶはビジネスモデルを考えるときに、必要になる考え方ですし、どこまで投資するかを判断する基準値にもなります。こちらを計算したうえで「値引き」をするのが**「戦略的な値引き」**です。

成約率という観点から考えたときに、**ＬＴＶと戦略的な値引きのバランスがよければ、効率よく成約**できます。

継続プランタイプのコースレッスンであれば、生徒さんが申し込みたくなる季節、つまり成約率が高まる季節（1月、4月）を狙って値引きをして成約に結びつけるのは、戦略的な値引き施策といえます。

ＬＴＶの数字は、**高確率の成約設計にも集客改善にも使える大切な基礎データ**ですのでこの機会にぜひマスターしてください。

4 時代の変化を数字で捉えて進化し続ける

一般的に**数字が苦手な女性は多い**のですが、とりわけ教室の先生となるとさらにその傾向は顕著になります。おそらく、**「数字・パソコン」は教室の先生の二大苦手要素**ではないでしょうか。私も文系ですし、数学や物理は劇的に苦手でしたので、その気持ちはとてもよくわかります。しかし、社会人になり、営業職で生きていくには必須だったので、後天的に使えるようになりました。そのかいあって、教室業でも営業的な数字が扱えると認識され、有利に活動することができました。

さて、**「時代の変化を数字で捉える」という感性はとても大切**です。

時代はいつでも変化と進化をし続けています。この原稿を書いているときから、実際に出版されるときまでの間もさらに世界は動き続けていることと思います。

時勢や流行を捉える感覚は教室運営の方向性を決めるうえでもとても大切なセンスです。

たとえば、ネット集客における「時代の変化」で一番顕著な例は**「スマートフォン（スマホ）の普及」**だと思います。スマホの普及は2010年から2016年までの間でも9％から72％へと、**約8倍の伸び率**です。

この**時代の変化をどのように教室運営に変換するかがポイント**です。


まずネット集客においては、**スマホで見るHPの構成が重要**です。スマホの普及に伴い、**「レスポンシブデザイン」**という、パソコンでもスマホでも見やすいレイアウト表示に自動変換される制作の仕方が主流になりました。この対応を知らない、またはしていないHPはGoogleのルールにより、**順位が下がる**方向になっています。結果として、**新規の生徒さんには見つけてもらいにくくなります。**

他にも、**「口コミ集客とSNSの普及」という時代の変化**もあります。

「10年前は口コミで何もしなくても集客できていた」というのはよく聞く話です。これは正確にいうと、「集客ができていた」というよりは「相対評価」でうまくいっていたケースも多く、当時は教室を比較するための情報が少なくて、習いたい生徒さんの数のほうが多かったのです。まさに**需要と供給の関係**です。

いまでも、もちろん口コミは効果的ですが、新規の方はほとんどが「検索」から来るケースが多いです。10年前に口コミで10割成り立っていた教室が、**「口コミ1割、その他SNS9割」の集客方法に変えないと立ちいかなくなっている現実**もあります。時代の変化を捉えて、集客方法も方向性を変えなくてはいけないのです。

そしてまた、**情報の多様化はそのまま「使用できる材料の多様化」にも連動**します。

パン教室でいうと、小麦や砂糖、塩の種類が10年前とは比較にならないぐらいに増えています。おそらく5倍から10倍の種類の豊富さです。この現象はパンに限らず、お花や雑貨などすべての教室でも起こっています。

そのような状況で、どの材料を選び、何を提供するのか（新しい物・安い物・高い物・特殊な物など）を、**教室のコンセプトと特徴に合わせて提案していかなくてはなりません。こちらも教室の変化対応力が問われるシーンの一つ**です。

このような**時代の変化を実数字として捉えて対策**していくことも、今後の教室運営には必要になります。そのため、時代の流れと数字を上手に取り入れるほうが結果として楽になるのです。これからは先手必勝の心意気で、数字と仲よくなってみませんか？

5 生徒さんに感動される顧客管理データの作り方

私はコンサルタントという職業柄、いろいろな職業をついマーケティング的な視点で見てしまいます。**「顧客管理」**という視点からいうと、**「美容院」「整体治療院」**業界は**「顧客管理」が秀逸**だと常日頃感じています。

その理由は、**「リピート率」が経営の生命線**だからです。お客さまにリピートしていただくということは、**【前回満足した。だから来た】**ということにほかなりません。お客さまの満足度がそのままリピート率につながることが多いです。

ただし、リピート率が高いのは「ものすごい技術があるから」だけではないのです。誤解を恐れずに言いますが、「人がその店舗に再び訪れる要因は必ずしも提供される技術の高さだけではない」のです。

それは「他人から認められたい」という感情を満たしてくれるかどうかにあります。これを**「承認欲求」**といいます。

美容院や治療院の顧客管理がすばらしいのは、お客さまの**施術履歴**はもちろん、会話のなかから出てきた**職業、家族構成や趣味・嗜好《しこう》などをきちんと記録**しているところです。それをやっていない店舗もありますが、きちんとやっていて、スタッフ総ぐるみでその情報を共有している店舗は長く続いていて、ずっとはやっています。

私が10年近く通っている近所のヘアサロンもその一つです。私は店長をメインで指名していますが、私と店長の日程が合う可能性が最近はとても低いのです。担当は他のスタッフさんになることも多々あります。それでもそこに通い続けている理由は、**「高橋貴子の履歴がスタッフ間で共有されている」**からです。

そのため、毎回いちいち細かく説明しなくてもよい。だから**つい行ってしまう**のです。私がどんな仕事をやっているか、その変遷も含めて把握してくれているので、話題も自然で楽なのです。こうなるとお客さまは他に行くのが面倒になります。だから**リピートしてしまいます**。

ネット時代にアナログな要素も取り入れて運営しているのがこの業界です。数カ月に一度、店長の手書きのメッセージと近況がセットになったハガキが届きます。そのメッセージは「私」の状況を知らないと書けない内容になっているのです。ここで**「特別感」を感じさせてもらえる**ので、やはりうれしくなって通ってしまいます。

教室の場合は、そこまでできていないことが多いです。なぜなら、パソコンが苦手な先生が多いからです。

私が初めて教室を開業をしようとする人に強くおすすめしているのが、**「顧客管理のデータ化」**です。パソコンが苦手な方が多いためか、教室の先生は紙で管理している場合が多いです。それでも私はあえて**「データベース化」**することを、声を大にしてお伝えしたい。それぐらい**「顧客管理」は重要な仕事の一つ**なのです。

どうしても紙で管理したい方は、お客さまの詳細な情報を漏らさずきちんとメモしてください。それがお客さまに**「感動してもらえる接客」作りの第一歩**だからです。記憶力が抜群にいい人はメモなしでも構いませんが、生徒さんリストが1000人、2000人になっても個々を覚えていられる人はそう多くないと思います。

途中からデータ化しようとすると、入力するのが大変なうえに、どの情報を書き留めておくかのルールを自分で作っていないので「顧客が感動する接客」がしにくくなりがちです。**開業時もしくは途中からでもいいので、データベース化することをおすすめします。**

感動する接客はリピート率に貢献します。

そしてデータベース化しておき、**情報を整理・分析**することで「この属性の人たちはこういうレッスンが好みだから、今度この人たちに向けたレッスン企画を組んでみよう」など企画が立てやすくなります。最低でも参加したレッスンの年月、内容があれば、そのグループの絞り込みができますので、**希望の属性に向けたレッスン企画が立てられ、「成約率」もかなり高くなります。**

教室の先生はこの辺りまで手が回っていない、またはできていない人が多いように感じています。私もパン講師時代にメルマガはやっていましたが、ハガキまで手が回っていませんでした。ですから、データベース化とその活用ができる人は強みになります。

「成約率」と「顧客管理」はとても密接な関係があり、パソコンが苦手でも時間をかけてでも、きちんと取り組んでいただきたい**重要な仕事の一つ**なのです。

Column

Chapter 5

鶴の機織りと情熱の関係

「鶴の恩返し」という昔話をご存知の方は多いと思います。あらすじは「翁が罠《わな》に掛かった鶴を助け、その鶴が人間の女性に姿を変えて翁とその妻に恩を返す」というものです。「見ないでください」と言われていた機織りをのぞいてしまい、自分の羽毛で鶴が機を織っていたのを知る、という部分が特に私のなかでは強く印象に残っていた物語です。

私は昔からデザイン関連のものを扱うのが好きでした。

とはいえ、プロになれるほどのスキルまでは磨くことはできないと若い頃の自分は思っていたので、まずは趣味の領域からいろいろなものをスタートさせました。

写真が一番長くて20年弱、クラシックカメラの二眼レフのフルマニュアル機「ローライフレックス」というカメラでモノクロ写真を撮り、現像して暗室で焼いたりしていました。その後はデジタルをメインで仕事に使っているため、マニュアル&暗室という贅沢《ぜいたく》な時間は最近堪能できていないのは少し残念です。

WEBデザインについては、自分の教室を立ち上げる前に4カ月ほどWEBの専門学校に行ったことからスタートしているので8年程度の経験になります。若いクリエーターに囲まれた学校だったので、当時は私もさすがに若者の作業スピード、飲み込みの早さに劣等感を味わい、同時に尊敬したことも覚えています。WEBデザイナーという職業は本当にすごいと実感したものでした。

建築業界ではインテリアコーディネーターをやっていましたので、手書きの室内内観パース（透視図）、平面図、立面図なども書いていましたし、業界専門の図面ソフトCADを使っていました。

いま振り返ると不思議なもので、その時々の仕事で精いっぱい取り組むと、自然とその業界でのプロフェッショナル的コンピューターの扱いができるようになっていました。

新しいソフトを苦手だと毛嫌いせずに、とにかく使って覚えていた会社員時代。旅行業・建築業・ブライダル業など、それぞれの環境で扱うソフトが違うので、会社員22年の経験だけでも20種類ぐらいのソフトを扱う技術を身につけました。もちろん、独立してからも、デザイン関連を含めて10種以上のソフトの操作を覚えました。

私は「ビジネス脳」と「デザイン脳」をバランスよく使うことで、クライアントに成功への道筋を教えるコンサルタントとして自分を特徴づけています。特に「デザイン脳」を使うときには「ぐっとその世界」に入ってしまうタイプなので、ちょっとしたトランス状態（恍惚《こうこつ》・入神状態）になるときもあります。

私にとって「鶴の機織り状態」とはまさに「一球入魂」（全精神を集中して、一球を投じること）状態なのですが、仕事に本気で取り組むときがまさに同じような状態なのです。

パン教室でパンのデザインを起こすときも、この機織り状態に近い状態でした。

・こんなデザインのパンなら一目見てみんなワクワクしてくれるかな？

・こんな不思議な味の組み合わせならみんな驚いてくれるかな？

など、来てくださる生徒さんの笑顔を思い浮かべて、デザインを書いて、試作をして、レシピ作りに取り組んでいました。

思いが込もった「レシピ」というラブレターをお客さまに届けるために。

この「情熱」は何もデザイン部門だけに発揮されるものではありません。

来てくださる方、生徒さんのためにどれだけ心を尽くせるか、それは「情熱」以外のなにものでもありません。

鶴の機織りと情熱の関係

こう見えて私は案外「情熱・熱血コンサルタント」なのです。「ガテン系エレガント」と自分で言っていますが、やはり人を動かすのは「情熱・熱意」だと思っています。

「経営者の成功の53%は情熱・熱意で決まる」という言葉は、私の師匠から聞いた言葉です。実践している私の肌感覚だと、教室業に特化していえば、もしかしたら70%ぐらいかもしれません。

「お客さまに喜んでもらいたいと思う情熱・熱意」があるなら、本来は自分が苦手とすることでも、どうしても取り組むべき課題であれば後回しにせずに、果敢にチャレンジできるはずです。

「ブログが苦手」「パソコンが苦手」という言葉はよく聞きますが、どこかでチャレンジをしない限りいつまでも苦手状態は続きます。ですから、苦手に出合うたびにチャレンジしてください。私もそうして、いまのパソコンスキルを身につけました。

困難や壁に当たったときにはぜひ一度、創業時の自分の「熱い思い」を思い出してください。「情熱」は必ず壁を突破できる剣になります。

第5章 まとめ

●成約率と価格設定は重要な関係にある。

●成約を「科学する」場合には、感覚で扱うのではなく調査・分析をして数字で理解する。

第6章

成約が引き寄せられる逆転の思考法

七つのキーワード⑥マインドセット

1 成約できない人がハマっている思考の罠

「成約できない人」の8割以上が、「自信がない人」なのではないかと思うことがあります。わかりやすい極端な例を一つお伝えします。

たとえば、病院で手術をしなくてはならないとします。その時にあなたが、担当主治医に「自信はないけど頑張ります」と言われるのと、「治ると信じて一緒に頑張りましょう！　最善を尽くします」と言われるのはどちらがうれしいでしょうか。

これは**言うまでもなく後者**です。

これを**「成約できない人」のマインド**に当てはめると、「ハッキリ提案できない」＝「自信がない」という心理状態になりますので、お客さまは当然**「あなたを信じきれない」**＝**「成約しない」**ということになります。

お客さまにはそんな素振りは見せていないつもりでも、内心「自信がない」状態だとしたら、言葉の端々に**「自信のなさ」が表れている可能性が高い**のです。

お客さまは**「自分の利益」に敏感**です。少なくとも曖昧な返事をする人よりも、「言い切ってくれる」人に安心するのは間違いありません。

自信がないために、女性、特に教室の先生は「言い切る」ことに躊躇《ちゅうちょ》することが多いです。おそらくクレームを受けたときの「逃げ場」を用意したいという気持ちが、無意識に働いていると分析しています。曖昧にしておけば、「どちらにも転ぶ」状態にしておけるので、場合によっては責任転嫁もできます。自分に自信がないと、クレームを受け止めることもできません。

「クレームは成長するチャンス」なので、クレームを恐れない。

このマインドがあれば、お客さまにきちんと必要なことを伝えることができるはずです。「成約」のシーンでは、お客さまが不安払拭のための最後の確認が続きます。この時にきちんと受け答えできるかどうか、信頼できる人かどうかを試されているので、その場ではたとえ決まらなかったとしても、誠実に受け答えする人は信頼されます。

自分はこの人を幸せにできる、という確信をもっている人のところに人は集まるのです。

2 ほしい未来を先に決めると申し込みが次々に入る

私は自分のクライアントに、**「満席マインド」をもちましょう**という話をよくします。満席体質になるためには、まずは「満席」という成功体験が必須になるのですが、何より**「満席になる」ことを前提として動くことが大切**です。「満席マインド」をもつ人とそうでない人とでは、その**実現確率に大きな差**があります。

「満席マインド」は、「満席になる」ことが前提になるので、**「予約が埋まった後、何をしたらお客さまが喜ぶか」**を考えます。一方、「埋まらないかも」と考える人は、**「一生懸命やっても予約が埋まらなかったらどうしよう」**と考えるのです。

ここで理解していただきたいのは、「準備段階」なのに「埋まった後」を考えて行動しているという点です。**「埋まる」**＝**「埋める」**という気持ちで取り組んでいるので、できる限りのことをやりきるイメージをすでにもっています。

面白いことに、「埋まらなかったらどうしよう」という人に限って、**「埋めるための行動**

をしていない人」が多いのです。頭で「どうしよう」と考えていても、何も現実は変わらないのに、気持ちだけ焦って実は効果的な行動をしていない場合もあります。

効果的な行動というのは、「自分の尺度」だけではダメなのです。集客というのは**難易度に合わせて、「行動量」が変わります**し、相対的な環境に左右されて「やるべき活動」が変わります。この行動計画を準備の段階で見極めて動くことが**「効果的な行動」**をすることにつながります。

たとえば、教室のレギュラーレッスン1クラス3人を集める活動と、たまにやるイベントで50人を集めるときでは、行動の規模がまったく変わります。またリピーターの方と信頼構築ができている先生と、すべて新規で集めなくてはいけない先生とでは行動量がそもそも違いますし、スタートラインが違うということを知る必要があります。

だからこそ、その**最高の未来を「先に決める」**ことで、逆算して自分が行うべき行動量を理解して動けば、結果として次々と予約が入るようになります。

そのような観点からいっても**「満席が当たり前」と思って行動するのと「埋まらないかも」と思って行動する場合には、成果に雲泥の差が出る**のは明白です。

3 一番ほしい答えはお客さまがもっている

営業という仕事はよく**「口がうまい人」ができる仕事と勘違いされる**ことが多いです。しかし実は**「成約率が高いトップセールスマン」**は間違いなく「口がうまい人」ではなく、**「聞き上手な人」**なのです。これを知っている方は少ないかもしれません。

私は元々営業経験22年のバリバリのビジネスウーマンだったのですが、多くの営業マンや部下を育ててきて、100％に近い確信をもって言えることは**「成約率が高い人は聞き上手」**であるということです。

ビジネス用語で「マーケティング」という言葉がありますが、簡単に言うと「売れる仕組み」「もうかり続ける戦略」という意味です。そしてこの戦略を立てるうえで「調査（リサーチ）」は欠かせません。この「調査」は、一般企業でなくても、教室であっても同様に必要なことです。そして**この調査が一番効果的なのは「お客さまに直接聞くこと」**なのです。

そうはいっても、何を聞いたらいいのかわからない方も多いかもしれません。「成約」

という観点からお客さまの意見を生かすのであれば、こんな質問をすると効果は絶大です。

「似たような教室がたくさんあるなかで、何が決め手になって私の教室を選んでくれたのですか？」

私は教室を立ち上げてから1年半、レギュラーコースの生徒さん200人近くにずっと入会2カ月後の「入会時アンケート」と「終了時アンケート」を取り続けていました。各アンケートはそれぞれ4項目2種ありますが、そのなかでも特に**「集客と成約」**に直結する**大切なポイントが記載されていたのが右記の質問**でした。

この質問により、私の教室または私自身の個性が「お客さまの目線」から浮き彫りになり、そのコメントをきちんとHPに反映させることで似たような属性のお客さまから好感と共感を得ることができました。

結果としてそのままHPからダイレクトに申し込みが入る確率も増えましたし、実際に対面でレッスンを受けたときのギャップも少なかったので、満足度も高かったのです。

自分の魅力は自分ではわかりにくいもの。だからこそ、**「ほしい答えはお客さまがもっている」という基本に返って、直接お客さまに聞いてみてください。**意外な答えが返ってくることもあるので、あなた自身が自分の魅力を再発見するきっかけにもなると思います。

4 成功を引き寄せるコツは人目を気にしないこと

「人の目を気にしない」

クライアントである先生とお話ししていて、**マインドセット（気持ちのもち方）**でおそらく最初に**ブロックを打破**していただくのは、このテーマかもしれません。

会社にいれば、誹謗《ひぼう》中傷は会社が守ってくれます。というより、会社員でいるうちは個人への攻撃というのはまずありえないことです。

しかし、**独立自営で行う場合、嫉妬も中傷もすべて自分で受け止めなくてはなりません。**

ですから、そのマインドがない先生は、そもそも**「目立つ」ことを嫌がります。**

「目立つ」ことは「成功する」ことの証しでもあるため、憧れや嫉妬の対象になりやすいのです。私も苦労して作ったHPを、そっくりまねされた経験があります。しかし、そんなことは気にする必要はありません。**「まねされてナンボ、批判されてナンボ」**です。**出る杭は打たれても、出すぎる杭は打てない**のですから。

取り巻く環境・起こっている状況をすべて受け入れて、人生に対してすべての責任を自分が取ることを覚悟したら、わがままに生きても自分で自分を許せます。

【人の目を気にして自分がやりたいことを諦めても、あなたはそれでも幸せですか?】

他人は好きなように言いたいことを言います。もし、それをあなたが受け入れたとして、その人はあなたの人生に責任を取ってくれますか? おそらく責任なんて取ってくれません。

これは、家族間でも同じです。幸せな家庭を築くために、夫や子どもとの協力関係を深めることはもちろん必要ですが、それが「あなただけが犠牲になる」ことで成り立つものならば、幸せとは言えません。

自分が犠牲になることでみんなが幸せになると思うのはナンセンスです。

ですから、**まずは自分を幸せにすること。**その覚悟がない人が、家庭や他人に対して愚痴を言います。与えられた環境は人それぞれ。どんな場所でも、自分が決めたらその場所で幸せになれるのです。

他人のなかにあなたの幸せの答えはありません。

いつでも自分の心のなかに「決める自由」があるだけなのです。

5 ポジティブとネガティブはセットでもいい

「楽観的に構想し、悲観的に計画し、楽観的に実行する」

こちらは京セラと第二電電の創業者、稲盛和夫氏の言葉です。「新しいことを成し遂げるには楽観的な目標設定をする。しかし、計画時は完遂する強い意志をもって悲観的に計画を見つめ直し、実行段階では《必ずできる》と信じて楽観的に明るく実行する」ということを意味しています。

私自身も基本は、かなり**楽観的に構想して楽観的に実行**しますが、実は水面下では不足する努力や準備も含めて真剣にデータを取ったり計算をしたりしています。

そういう意味では、私は**超楽観主義者**でもありますが、同時に悲観的というか、**冷静にネガティブな側面からも物事を見ています。**だからネガティブという言葉は必ずしも悪い意味ばかりでもないと思っています。

起業するというのは経営的な側面から考えた場合、すべて「楽観的」なだけではうまくいかないこともあります。楽観的なだけで根拠もなく、必要な準備をしないのとわけが違います。

それでもマインドはあくまでも**「超ポジティブ」**。うまくいかない前提で計画を組んだことは一度もありません。あくまでも情熱をもって**「夢と希望」**をベースにワクワクする気持ちで計画を組みます。しかし計画実行段階では、冷静に判断する**「ネガティブ」**な側面もやはり必要だと思っています。**教室の先生に不足しているのはこの点**かもしれません。

世の中はすべて**「バランス」**で成り立っています。「いきすぎる」のもよくないです。

基本のマインドはやはり**「中庸《ちゅうよう》」**（片寄らず中正なこと）がいいと思います。

商売がうまくいきすぎれば自戒する必要もありますし、どん底にいるならば必ず浮上すると信じることもできます。**「振り子の法則」**です。実際に私はどちらの現象も体験しました。

だから、なにがなんでも「ポジティブ」である必要はありませんが、「思考」についてはどんな出来事もよい側面で捉えることができるなら、人生がかなりハッピーになることは間違いありません。

目の前に起こっている事象は一つです。それをどのように捉えるか、ピンチと見るかチャンスと見るかによって、その後の動きはかなり変わります。だから私はそんな意味でも**いつでも「ポジティブ思考」で動く**ことをおすすめしています。

6 成功者は「仕事を遊び化」している

私は22年の会社員生活を過ごしてきましたので、組織のなかでは当然、自分のやりたい仕事ばかりではありませんでした。ですから、そんな時は「人間修行」の一環と捉えて取り組んだ記憶があります。

しかし、いまでは**「起業」という選択肢があるので、本当にいい世の中**になりました。女性が自宅教室を開業する、大学生が会社を興して社長になる、会社員もパラレルキャリアで本業をもちながら第二のキャリアを築く、など多種多様な生き方の選択肢ができるようになったのが現代です。

そんな時代だからこそ提案したい生き方が、**「遊ぶように仕事をする」**、つまり**「仕事を遊び化する」**という生き方です。「仕事を遊び化する」という言葉だけを聞くと、「仕事を遊びのように扱うなんて」と不謹慎に思う人もいるかもしれません。

しかし、「遊び」は子どもがゲームに夢中になるように、寝食を忘れて取り組むようなもの。その感覚で仕事ができるなら、毎日がハッピーになります。困難でさえ、ゲームに出てくる主人公を阻む障害のように見えれば「どうやってクリアするか？」という考え方に変わります。

仕事を遊びにできる人は魅力的です。遊びと仕事の境界がないので、時間と場所の制限もなく、なんでも楽しんでしまいます。だからといって、この人たちが努力をしていないわけではないのです。「努力をしている」と自覚していないだけなのです。

他人から見るとものすごく頑張っているように見えても、本人がそう感じないのであれば、それは苦行でもなんでもなく**「楽しみ」**でしかありません。ですから、「努力をしている」という気持ちで取り組む人よりも、はるかに簡単にそのハードルを乗り越えてしまいます。

そのため、**簡単に成功しているように見える**のです。

成功している人は「仕事を遊び化」してしまう達人です。苦しんで辛《つら》い思いをしないと成功しないと思うのは勘違いで、最大限に自分の個性を生かして楽しめる場所で仕事をしたほうが、困難をたやすく乗り越えることができるので成功できます。

いまの自分が必死になって苦しみながら仕事をしていると思うのなら、**自分の輝ける場所、仕事を遊び化できる場所を探すのも人生の選択肢の一つ**ではないでしょうか。

7 「巻き込み力」を身につけて1人で頑張りすぎない

責任感が強い方ほど「人に頼れない」傾向がありますが、実は私もその部類の人間なので、お気持ちはとてもよくわかります。しかし、ある時に気づいたのです。それは**「人を巻き込んで一緒に目指すべきゴールに向かうと、自分も周りもハッピーになる」**という法則です。

この法則で大切なポイントは**「自分だけでなく、周りもハッピーになる」**という点です。あまりにも無茶な要求を続けると、さすがについてこられない人も増えるかもしれません。しかし、あなたを応援してくれるサポーター（協力者）はあなたの思想に共感して役に立ちたいと思っていますので、その夢を共有したり、一緒に行動したりすることは、実はみんなにとって幸せなことなのです。

さて、あなたが教室を運営するうえで、協力者といったら誰を思い浮かべますか？

旦那さま？　お母さま？　お子さんでしょうか？　ご家族が協力してくれるなら、時には弱音を吐くこともできます。頑張りすぎる方は自分で自分を追い込んでしまう傾向があるので、気持ちがポキッと折れてしまいやすいのです。せっかくよいサービスを提供している教室なのに、先生が孤軍奮闘してしまうことで疲弊してしまい、廃業してしまう方もいます。それはとてももったいないことです。

逆に、あなたは一生懸命頑張っている人を見て、応援したくなった経験はありませんか？

そういう方は、大抵「明るくて太陽みたいな人」ではないでしょうか。つい、近くに寄っていってしまいたくなる、そんな魅力をもっています。そんな人に引き寄せられてしまうのも、同じように明るく優しい心根をもった方が多いのです。

そんな方たちが自然と集まると、協力してくれる人も増えてくるため、**自分で頑張りすぎなくても、自然と望みが叶う**ようになります。

さらに、**お客さまでもある生徒さんが協力者になってくれる場合**もあります。ですから、教室運営は「先生」と「生徒」の垣根を越えて**「その空間を一緒に楽しむ共同体」として創っていくのも、これからは新しい形**なのかもしれません。

Column
Chapter 6

タカハシタカコ的　結婚・子ども・人生観

実は、書くかどうかをギリギリまで迷ったのがこのテーマです。通常のビジネス本であればノウハウ寄りで書いていけば事足りる内容ですし、自分の根源に関わる話を書く必要はありません。

ただ、「女性が自立して仕事をする」と決意した場合、避けて通れないのが「結婚・子ども・人生観」の話題です。

前著のなかで実は一番共感されたのが「9章」のマインドについて言及した文章と「コラム」でした。もちろん、全体的なノウハウそのものも、とても参考になったというご意見も多くいただきました。しかしそれよりも、この章を読み「前を向いて生きる決意ができました」という声が多かったことを考えるとやはり、ビジネスの原動力は「心」の部分が大きく占めると実感したのです。

そしてこのテーマを書くことを決意しました。私の経験値がこれから本気で自分の人生を生きたい女性のエールになればという思いを込めて。

おそらく誰しもがそうかもしれませんが、「人生観」に深く関わる部分を紐解《ひもと》くと大抵幼い頃の家庭環境へたどり着きます。もちろん私も例外ではありません。現在の私が自分の意志で後天的に「ポジティブ」思考に変わったのも、何十年にもわたる家庭環境での思考の形成が大きく関わっているのは間違いありません。

私の本来の役割は経営コンサルタントなので、マインドの部分の領域は本質的にはカウンセラーやメンタルコーチの役割になると思うのですが、ビジネスをうまく回そうとするとどうしてもメンタルの部分に切り込まないといけないシーンが数多くありました。だから私はビジネスとメンタルと両方を見ています。

過去の私と同様に親との確執、呪縛にとらわれている人もいましたし、旦那さまとの関係性、状況によっては、離婚の話も出てきます。またお子さんとの向き合い方、義母との関係、課題はさまざまです。

私がこれからお話しする話は、あくまでも私個人の私見です。だからあなたがそのまままねをする必要もありませんし、私と比べて落ち込む必要もありません。単に「もう一つの世界、考え方」を手に入れることで考え方の選択肢が広がれば、自分で自分を縛っている要因に気づくかもしれないと思いお伝えしています。

私の父の話は折に触れていろいろな媒体でしてきたことがあります。浪費家で怠惰、ギャンブルもするし、酒も飲む。自営業であることをいいことにちょっと体調が悪いとすぐに寝込み、3カ月や4カ月は平気で休む、家計は火の車、そんなことお構いなしの借金まみれ、そんな典型的なダメオヤジです。

逆に母は、勤勉で節約家で努力家、仕事を三つ掛けもちしてでも稼いで私と弟の2人を実質的に食べさせてくれたスーパーウーマンでした。私はそんな極端な両親の元育てられた子どもだったのです。私が「バランス」とか「中庸《ちゅうよう》」ということを特に意識するのは、もしかしたら無意識に子ども時代の過去のアンバランスさを調整したい自分の思いからだったかもしれません。

どちらかというと父の姿を反面教師にして、母寄りの思考に寄ったことが人生を大きく分けたのかもしれないとはいまでは思っています。

「女性はこうあるべき」という「べき論」が私は大嫌いでした。

私の母がその傾向が強かったので、母を尊敬していたのですが、自分の意思外で

タカハシタカコ的　結婚・子ども・人生観

あることを我慢する姿は見ていて子ども心に辛《つら》かったことを記憶しています。

たとえば、父との離婚。私は高校生になって一通りのことを考えられるような状況になったときに、母によく言ったものです。「なぜ、離婚しないの？」と。

母の答えはこうでした。「考えているけれど、まだ経済的な基盤が作れていないから、あと5年経って弟が高校を卒業したら考える」と。

あと5年。正直目まいがするほど、長い期間に思いました。そんな長い期間こんな不毛な暮らしをするのか、と思い絶望に近い気持ちを味わったのです。

同時に、女性が「自立して自分の自由な人生を生きる」ためには、どうしても経済力は必要だと実感したのです。〝お金は目的ではなく手段〟と私がよく言っているのはそんな背景からなのです。

女性が精神的に自立するためには、もちろんそれが旦那さまと家庭生活を上手に送るうえでも、経済力はないよりはあったほうが選択肢は多くなる。ただそれだけのことです。

だからそういう人にも自由に人生を選べる選択肢をもってほしいと思い、コンサルティング業によって経済的な部分とメンタル的な部分を支えています。

そして、残念ながら母が離婚を検討する際、子どものことや経済的な理由のためすぐに離婚できないという話を聞くと、同時に私のなかに根強く印象づけられたことは「子ども＝縛り」という図式でした。

たとえば私と弟がいなければ、母はもっと早くに父と離婚できたかもしれないと考えたことも。母が私を生んでくれたことに感謝すると同時に、私がいなければ母はもっと自由な人生を送ることができたのではないか、と考えていた学生時代だったのです。

私はそのような過去の経験から「自分の人生を自由に生きたい」と強く思うようになり、結婚にもそんなに執着しませんでしたし、5歳年下の弟を育てた経験から子どもを生むという選択肢は「自由に生きるためには足かせになる」という思考をもっていたので「生まない」人生を決断しました。

いまの私なら、もう少し柔軟に物事に取り組めるので、「二者択一」的な感覚で考えなかったかもしれません。しかし当時の私は仕事も大好きでしたし一生やっていきたいと思ううえで、とにかく「時間」がいくらあっても足りないと、「時間」と「子育て」を引き換えにした決断をしたのかもしれません。

タカハシタカコ的　結婚・子ども・人生観

　また、自分の過去の家庭生活の経験から、自分で自分の子どもを本気で愛することができるのか？　父親の遺伝子を受け継いだ男の子を生んでしまっても愛せるのか？　と思い「生むリスク」よりも「生まないリスク」を取ることにしたのです。

　世の中には多数の女性起業家がいて、家庭も子育ても仕事もすべてをうまくこなしている方も多くいらっしゃいます。もちろん、本当にすばらしいと思っています。私は家庭と仕事の両立はできていますが、子どもとの関係性については言及できません。

　ただ、一つ言えるのは、「人は生まれてくる課題をもってこの時代に生きている」ということ。だから私はきっと母のような女性を1人でもなくしたい、自由に人生を選択できる女性を応援するためにここにいるのだと思っているのです。

　もしかしたら、今世でこの課題がクリアになって来世うまく人間に生まれ変わることができたら、家庭も子育ても仕事もできるスペシャルウーマンになっているかもしれませんね。

　だから、私にとって〝飛常識〟＝「常識を飛び越えること」という感覚はとても大事で、既成概念的な結婚観、人生観なんてナンセンスだと思っています。

個々の結婚観は100人いたら100通りあるでしょう。

子どもを生む・生まない選択肢だってあって構わないと思いますし、それ以前に生みたくても生めない人だっています。たとえそうだとしても、普通と違ったって「あなたが自分らしく」生きることができるのであればそれが正解だと思っています。

そして、私の人生観を語るときにどうしても外せないもう一つの軸は「過去は変えられないけれど未来はいくらでも変えられる」ということ。

正確に言うと「未来を変える」というよりは、自分が勝手に想像した「過去・現在」からの延長の「未来」ではなくてよいという意味です。だから「未来は好きなように描ける」し、そこには制限も縛りもないのです。

私は2年前に25年越しの母との約束を果たしました。最初に就職した旅行会社に入社したときに「フランス、パリに一緒に行く」と決意しましたが、さまざまな事情で叶いませんでした。しかし、私が独立して、お互いに余裕ができたときに初めて母をパリに連れていくことができました。25年越しの約束です。諦めなければ必ず叶うことも実感した出来事になったのです。

タカハシタカコ的　結婚・子ども・人生観

〝あなたが考えているよりも残りの人生の時間は短い〟

年齢を重ねるごとに1年がたつのがどんどん早くなっています。実際の時間そのものは変わらなくても、「気持ち」の感じ方で「時間」の捉え方は変わります。

私が年を重ねるごとに1年が早くなっているのは、楽しい時間がより増えているからだと思います。

もしもあなたが、自分の時間の進みが遅く、重く苦しい時間を過ごしていると感じているのであれば、「時間の牢獄に自分を閉じ込めているのは自分である」と自覚したほうがいいかもしれません。

いつでも自分が決めさえすれば、時間の牢獄、心の呪縛から解き放たれた、明るく楽しい時間を過ごす世界を手に入れることができるからです。牢獄の鍵は自分がもっている、だから解き放つのは自分自身。そして、それは実はとても簡単であるとお伝えしたいと思います。

第6章 まとめ

●成約しやすい思考法のポイントは「思い込み」。

●「満席マインド」から成約プロセスを作ると、満席が当たり前になる。

第7章

成功する人がもっている行動習慣

七つのキーワード⑦行動・実践力

1 成功する人がもっているのは行動力と継続力

私は独立開業前の会社員時代から、とある集客コンサルタントの先生の会員になってWEB集客を勉強し、パン教室を開業しました。ですから、いわゆる「成功者」と呼ばれる人々を近くで見ながら自分の事業を組み立て、実践していたのです。

ある時、気づいたことがありました。それは、**成功する人は必ず、「行動力」と「継続力」の二つの能力をもっているということでした。**

「行動力」については、一歩を踏み出すのに大きな勇気が必要な方もいますが、その一歩を踏み出してしまえば、何かに後押しされているかのように、スイスイ動けるようになる。そんな経験をもつ方も少なくないでしょう。だから、まだ「行動力」のほうはどうにかなる可能性がとても高いと思います。

では、**「継続力」**についてはいかがでしょうか。

おそらく、**「行動力」よりもはるかにハードルが高い能力**だと思います。なぜなら、私自身もこの「継続」という行動は、地味で地道な根気のいる作業だと理解しているからです。**「行動力」は瞬発力でどうにかなりますが、「継続力」となるとそうはいきません。**強い意志が必要になります。

私が知る限り、**10年以上きちんと教室経営が続いている先生は**「何かしら」の**継続習慣をもっています。**たとえばブログ、手紙など継続的に未来の生徒さんとなる読者や、生徒さんと触れ合い、有益な情報を継続的に発信し続けています。

私が開業当初に聞いたことがある話です。当時の集客手段として有効だったブログを**3カ月続けられる人は70%、1年以上続けることができる人は20%、2年以上になると5%以下になるということ**でした。なぜ続かないかといえば理由は簡単で、コメントがないから張り合いがない、読者が増えないからです。しかし継続習慣というのは「誰かが応援しているから続く」という感覚だとまず続きません。ある一定のボリュームに達するまでは、認知すらされませんので、そのボーダーまでは自分を信じて信念をもって継続する必要があります。

「行動」と「継続」ができるということは、言い換えれば**「諦めない心」をもっているということ。**この気持ちさえあれば大抵のことはうまくいくと確信をもっています。

2 「やることを決める」よりも「やらないことを決める」

クライアントを継続的にコンサルティングしていると、事業が拡大するに連れてやることが次々に増えていく方がいます。チャレンジすることは大いに結構。もちろんその行動力は応援します。しかし、**あまりにも拡大しすぎてどの領域も中途半端**になってしまうと、時間もお金も浪費することになってしまいます。

そんな方にアドバイスしているのが、**【やることを決めるよりも、やらないことを決める】**こと。

教室の先生には、この点が苦手な方が多いと感じています。おそらく、生徒さん思いの方が多いからだと思います。「こんなレッスンをしてほしい」「こんなイベントを立ててほしい」と言われてしまうと、「生徒さんが喜ぶから」という理由で先をあまり考えずにレッスンを立ててしまって、最終的に収拾がつかなくなるケースも多く見ています。

私がコンサルティングに入るときには、この辺りの整理も**客観的な視点で行う場合があ**

ります。事業全体のコンセプトに照らし合わせて、**本当にそれはやるべきことなのか、**そしてそれは**やるべきだとしても「いま」なのか、**という点で枝葉を整理していきます。

私自身も事業展開は6年で5種行ってきているので、都度そのステージに合わせて、事業拡大・縮小・停止を行ってきました。教室の先生はそこまで事業を広げる方は少ないかもしれませんが、レッスン内容が増えすぎて時間がなくなり、収益も減るという方向に向かっていってしまう場合、その点は意識する必要があります。

「誰のための教室なのか」この質問にあなたはなんと答えるでしょうか?

アップル社が瀕死の状態に陥った際、再度CEOに迎えられた創始者のスティーブ・ジョブズが取った戦略は**【宝石に注力する】**ことでした。当時、膨らみすぎた製品ラインナップの70%を打ち切り、基本を洗練させて**30%の宝石に注力したことで業績を回復**したのです。

このようにお客さまの声を取り入れることと、何でもいうことを聞くこととは同じではありません。

たとえば、私がパン教室で生徒さんから「7つの酵母で行う食パンコース」を希望されてもコースを立てなかったのは、コンセプトである**「プレゼントしたくなるスタイリッシュな食パン」**を作ることができないと思ったからでした。

また、私は一時期、5事業を同時に運営していたことがあります。当然、自分1人ではすべてを完璧にこなすことはできませんでしたが、自分はまだ人を雇えるステージには達していないと判断し、1人でやり続けました。

しかし、1人でやれることには限界もあったため、私は「本当にやりたいこと」「収益性」「将来性」のバランスを見て、集客が問題なくできている事業でも、閉鎖したのです。

大切なのは自分のライフスタイルの軸をきちんともつこと。時には**「やらないことを決める」決断**をすることもあり、大変な場合もありますが、ここはしっかりと決めたい軸です。

3 成功する人ほど「時間がない」という言い訳をしない

時間は誰に対しても残酷なほど平等で、1日に24時間しかありません。

ただ、時間を感情で捉えるときには、楽しいことは一瞬、苦痛は長時間という感覚もあります。しかし、**物理的には「24時間」。これは誰にでも平等に与えられた時間**です。

教室運営においても、先生としての時間、自宅での妻としての時間、子どもに向き合う母としての時間といった、1人でいくつもの役割をこなす女性は本当に大変だと思います。

環境は違っていても、人生においてほしいものを得たいのであれば、その目標と課題においてやるべきこと、やりたいことがあるわけなので、当然時間との戦いになります。

ですから、**「やりたいとは思うけど、時間がないんです」という方はおそらく一生やりたいことをすることはできません。**

「時間がない」という言い訳をして行動に移さない人は、時間があってもやらないものです。時間が足りないならどうやってその時間を捻出するか、そこを必死に考えて実行できる人は人生を何倍にも充実させることができます。

時間管理術は教室運営だけではなく、ビジネス全般、もっというとプライベートも含めた範囲で必要になってくる能力です。人生を楽しく軽やかに過ごしたいのなら、**「時間がない」という言葉は封印**しましょう。

「忙しい」という言葉は「心」を「亡くす」と書きます。ですから、私が自分で決めている2大禁句は「忙しい」と「時間がない」。この二つを言った瞬間、前向きに動こうとするエネルギーがそがれてしまうのを知っているからです。

脳と言霊の関係は密接で、つぶやいた言葉を脳は「現実化」しようとして情報を探し、その現実を作ろうとします。よって、忙しいと言えば言うほど忙しい状況を、時間がないと言えば時間がない状況を作ってしまうのです。**仕事ができる人ほど、この法則を知っているので、決して時間がないとは言いません。**

自宅教室は当然ですが自宅でやっているので、よくも悪くも仕事と家事の境界線がありません。だからこそ、しっかりメリハリをつけて時間を有効活用しなくてはなりません。

時間は追われるよりも追うほうがいい。追うという姿勢には先取り感があります。ほしい未来を手に入れたかったら時間を追う。そう決めれば意識も行動も変わります。

4 先延ばしをしたら、2倍3倍の速度で取り戻そう

会社員・パートなどと違って、個人でビジネスをする場合の最初のハードルは、おそらく自己管理ではないかと思います。自分でビジネスをするのだから、**時間も自由になります。**これは、自分で好きな仕事をするからこそ得ることができる自由です。

しかし、だからこそ、自分で自分をコントロールできなければ、際限なく自分を甘やかすこともできてしまいます。まさしく**「明日からダイエットやります症候群」**状態です。

「明日からやるから最後に今日はケーキを食べる」と言って、明日もまたケーキを食べているような感覚です。自分が決めたことは、自分が許可を出せば、いくらでも先延ばしにできます。他人との約束があればまだしも、**自分との約束となると先延ばしにしてしまいがち**です。

しかし、ここが後で大きな差になっていきます。**夢があるのになかなか叶わないと言っている人は、「先延ばし症候群」である可能性が高い**のです。あなたはいかがですか？

そして、自分が決めた自分との約束を先延ばしにする人は、**「言い訳」がセット**になっていることも多いのです。

「時間がなかったから」「急に用事が入ったから」「レッスンが長引いたから」「疲れたから」と、その理由はさまざまです。もちろん、私だって完璧な人間ではありません。自分が決めたすべての約束を、パーフェクトにこなしているわけでもありません。

ただ、一つ決めていることは**「今日先送りにしたことは明日2倍にして取り戻す努力をする」ということ。**やるべきことを1日先送りにすると2倍になる、3日送ると3倍になる、そんな感覚でなるべく最初に決めたペースを保とうと努力をしています。

毎日少しずつでも、自分との約束を果たしていきましょう。日々の積み重ねが後に大きな差に変化します。こんな話を知っていますか？ 厚さ0・1ミリの紙を25回折り畳むとほぼ富士山の高さ（3776メートル）になるのだそうです。紙一重の差でも、365日積み重ねればそれは雲泥の差になります。

長期的にビジネスを安定させたければ何かしらの約束事を着実に、実直にこなしていくことも大事です。私もまだまだ修行の身です。だから一緒に頑張りましょう。

5 起こっている出来事はすべて自分が作り出した現実である

私は以前、大切な仕事のパートナーに半分、裏切られるような形で別れたことがありました。とても信頼していた人だけにその当時のショックは、とても大きなものでした。

「なんで私がこんな仕打ちを受けなくてはいけないのだろうか」

「私はその人にそんなにひどいことをしたのだろうか」

と自問自答を繰り返すことでさらに自分を傷つけ、体調も悪化し、その先のことも見えなくなる、まるで暗闇のなかにいる気分になったことがありました。

そんな時、相談した方にピシャッと言われた言葉で、私は立ち直るきっかけとその後の**人生における大きな指針**をもつことができたのです。

それは、

【いま起こっている現実はすべてあなたの思考が作り出したものよ】

という言葉でした。

最初は意味不明でした。裏切られたのは私のほうなのに、なぜ？　自ら望んでその世界を作りたいわけがないじゃない、とすぐには受け入れがたい言葉でした。

【あなたが望んでその状況を引き起こしているの】

とさらに追い打ちをかけるように言われて、当時かなり混乱しました。しかし、その後目の前で展開されている状況を**「被害者意識」から「自主的で能動的な視点」**へ改めて考えたときに、曇りが一気に晴れたような思考のインパクトを実感できたのです。

結果からいうと、私はいつかそのパートナーと離れる必要がありました。それは**自分の成長のためにも必要な試練**だったので、どこかの段階でその時期は来るはずだったと薄々感じていました。ただ、まだその時期ではないと思っていたので「裏切られた」気分になったのだと理解できたのです。

そして、この意識と思考の転換は私に大きなギフトをもたらしました。

それは、

【起こっている現実はいつも一つ】

という思考。

そして、その現実をどの方向やどの思考から意味をつけるのかで、自分自身にまったく違う結果がもたらされることを実感しました。

たとえば先の例でいう信頼できる仕事のパートナーとの別れによって、私はいつか身につけようと思っていたスキルを早急に習得する必要に迫られました。その結果、仕事の幅が広がり、さらにコンサルタントとして自立できる時期が早まりました。

私は、自分の人生の砂時計がどれぐらいの速度で落ちていくのかわかっていなかったのですが、確かに少しでも早く困っている人を救うコンサルタントになりたいと思っていました。

だから、別れという事象そのものは悲しくても、そこから得られた経験は、むしろ**私が望んでいた結果に向かうためのイベント**だったのではないかと思えたときに、そのパートナーも自分も責めるのを止めることができました。

【起こっている出来事はすべて自分が作り出した現実】ということが腑《ふ》に落ちるようになってから、自分で自分の行動や生き方に覚悟と責任をもてるようになったのです。

そうなると、責任転嫁をしなくなります。たとえば、一時的に業績不振に陥っていたとしても、それは次にステップアップするための階段の踊り場かもしれないし、もっと大きく飛躍するために身をかがめてジャンプしているときかもしれません。

また、新しいサービスを提供しようとすると、いままでのお客さまが離れてしまうこともあるかもしれません。でもそれは進むべき道への必要な新陳代謝なので、見た目は一瞬「厳しい」状況に見えるかもしれませんが、自分が能動的に進むと決めるとそれは必ず現状を打開する行動になります。

逆にこの時に「なぜこんなことになったのだろう」と考えてしまうと、自分が能動的に動けなくなるのでいつまでもその苦しみから抜け出せません。

だから、どんな事象であれ、自分が望む方向と実際に起こっていることを**【自分が作り出した現実】**という観点から見ることができると、思考が変換されます。**思考が変われば行動が変わり、目の前に展開されている現実もまた変わっていきます。**

自分を責めるのではなく、事象に意味をもたせる。そんな思考をもてるようになると、かなり人生を楽に生きられるようになると思います。

6 常識の呪縛を解き放つ〝飛常識〟マインドのススメ

【こうあるべきである】というフレーズをよく聞きませんか？　人によっては日常的に使っている方もいらっしゃるかもしれません。

「べき論」はどちらかというと、女性よりも社会性のある会社で働く男性のほうがよく使う言葉かもしれません。でも実は女性、とりわけ教室の先生などもよく使っているのです。

「生徒さんに対して、こういうレッスンをするべき」

「子どもと向き合う時間を取ることが親としてのやるべきこと」

「旦那さまに教室業を仕事として認めてもらうために稼ぐべき」

などがあります。しかし、これらを少し引いた目で考えると「そうあるべき」という姿は誰が決めたものなのでしょうか？　世間一般の常識でしょうか？　**誰の理想像なのでしょうか？**

これは**「あなたが作った理想像」**。しかし、その理想像は自分の内面から現れるものではなく、「べき」という他者の価値観から作られているケースが多いのです。ですから**主体的ではなく、受け身の感覚**です。

「本当はこうしたいのに」という気持ちがあるのに、さまざまな制約や事情や世間体などを優先させたときに「〜すべき」という、どこか自分の感情が置き去りになった言葉になるのです。

自分が主体的にやりたいことを語るときには、**「べき」という言葉よりも「したい」**という言葉が使われます。あなたが本当にやりたいことがあるなら、単純に「したい」という気持ちを優先させたほうが、結果として軽やかに行動できるのでうまくいきます。「べき」という言葉を使うと、行動が窮屈で重くなります。

「常識だとこうあるべき」と思うときに、まずは一度その呪縛から自分を解き放ってみましょう。**本当に喜ばれるサービスというのはいままでにないもの、常識的ではないものから生まれています。**「べき」で考えるより「したい」で考えると、発想のアイデアも膨らみますし、何よりも自分が楽しく仕事ができます。ですから、結果としてお客さまにもその喜びを還元できるのです。

7 諦めなければ失敗はあなたの糧になる

やったことが失敗に終わらないたった一つの方法とは、**【諦めないこと】**です。

クライアントから相談を受けるときに、「失敗しちゃいました」という話から始まることがあります。その時に私がまず伝えるのが、「失敗」に終わらせないということ。だから私は**「失敗」という言葉は使わないようにしています。**

なぜなら、トライをした結果、それが成功というほしい結果ではなかったとしても、それは失敗ではないのです。それは**「できないことがわかった」**というだけなので、決して失敗ではないのです。

だから、何かやってみたけれど、うまくいかなかったときに、その経験から何を学び改善して次に進むのかを決める必要があります。そして、再度トライすると違う結果が生まれるのです。

しかしそれでもうまくいかない場合もあります。そうしたらまた改善してトライすればいいのです。それを繰り返していくとどこかでほしい結果にたどり着くことができます。

特に**ネット集客**は、時代の変化をどれだけ上手に捉えてお客さまに価値を提供するのかという**変化対応手法**です。

ここにさらに加えて**成約**という観点から考えていくと、人を相手にするため、さらに**不確定要素が増えます。**

ある一定のうまくいく法則を私はお伝えすることはできますが、最終的にはその人個人の資質や、業態環境、お客さまの属性などさまざまな要素が絡んで「うまくいく・いかない」が決まります。

たまたま時代の流れに乗って集客が楽になる場合もありますし、1年前と同じことをやっているためにうまくいかない場合もあります。

特に、教室の先生は心優しい方が多いため、単に時代の流れでうまくいっていたとしても、状況を客観視することができず、自分を責めて負のスパイラルに入ってしまう方もいらっしゃいます。時には、**冷静に引いた目で事業を見直すことも必要**です。
しかし、たとえそのような状況だったとしても、諦めずにやり続けると「失敗」という状況ではなく**「改善の糸口」**が見つかります。

私自身も実感していますが、とにかく**諦めずに淡々と努力を継続し続けること。**これが失敗という結果に終わらないことでもあり、成功の秘訣《ひけつ》です。

決してやみくもに動けと言っているのではありません。

地図と羅針盤をもち、かじを切って船を動かすことはあなたがするべきことですが、試練があっても諦めないこと、それが結果としてあなたをほしい未来の世界へと運んでくれます。

失敗に終わらせないと決めれば何度でもトライできます。**好奇心とワクワクする心。**この二つを手に人生を〝飛常識〟に楽しみましょう。

Column
Chapter 7

思考のシンプル化のススメ

私は昔から文章を書くのは嫌いではありませんでした。どちらかというと、人より早く文章を書けるほうだったかもしれません。本もたくさん読みました。すると、たくさんの情報と知識、本による疑似体験を手にすることができました。

そして、その頃からいろいろな側面で物事を見ることができるようになった反面、思考はどんどん「複雑化」していきました。

ナイーブでセンシティブ。本を書く人におそらく共通する側面かもしれません。ただし、物事を多角的に見ることができる目はとても大切で、その視点はいまでも大事にしています。しかし、あまりセンシティブに考えてしまうと、本当はその人が思っていないことまで変に勘繰ってしまい、結果としてネガティブな方向に思考を引き寄せてしまうことも多くありました。

その後、何がきっかけだったのか忘れてしまったのですが、あまり物事を難しく考えすぎないように思考を変えることができたときに、物事の進むスピードと、自分の気持ちも軽やかに進むことがわかり、いまでは「シンプル思考」を採用しています。

「シンプル思考」とは「自分がしたいか・したくないか」ということです。

たとえば、私がクライアントさんとセッションするときに、よく尋ねる質問があります。

それは、「あなたはどうしたいの？」という言葉です。

それがビジネスの案件だとしても、プライベート案件だったとしても、同じ質問をします。するとその答えは、「自分の本質的な感情に起因する答え」になるので、本心からの「こうしたいです」という答えが出てきます。

この究極で単純な質問のなかに本質的な答えが隠れています。いまの状況や、あなたを取り巻く人、たとえば生徒さん、友人、親、夫、子どもなどのことを考えない状態で「あなたはどうしたいの？」と聞くと、明らかにシンプルな答えが導き出されます。

なぜなら、「したいか、したくないか」の二択だからです。

たとえば、「いまお金はないけど、こんな勉強をしたいからその学校に行きたい」とか、「いまは時間がないけど、時間ができたらこんなところに旅行に行ってみたい」など。実は「条件」を引いて、「答え」だけを取り出すと、「学校に行きたい」「旅行に行きたい」という答えだけが出てきます。

これは、人間関係にも当てはまります。

「本当はあまり好きじゃなくてなんとなく断りにくいので会っているけど、本当は会いたくない」などです。これも「条件」を引いて「答え」だけ取り出すと「会いたくない」。これが答えです。とてもシンプルですよね。

本質的な答えはいつも一つなのです。

シンプルな答えが出たら、次はその答えを実行するために何をしたいか考えるのです。

いろいろな方法が出てくる場合があります。たとえば、「いまはお金がないけど時間があって学校に行きたい」のなら、教育ローンを利用するのも一つの手です。お金の支払いを先送りにして学びを先に得るのです。それによって生み出す資産価値が大きければ、ローンを一時的に組んでも、繰り上げ返済ができるかもしれません。

実は私の学びはほとんどこのパターンです。もちろん、貯蓄があってポンと払えればそうしますが、「タイミング」を重要視しているので、時間があるなら、学ぶための障害である「お金」を時間軸で解決してしまう方法だってあるのです。

「やりたいのか・やりたくないのか」その思いに尽きると思います。

「ローンを払ってまでいまやりたくない」ということであれば、あなたの本当の答

思考のシンプル化のススメ

えは「やりたくない」のです。条件に負けるレベルの思いなら、それは実は本当の思いではない可能性が高いのです。

人間関係も同じです。会いたくない人に会う時間は、もったいないと割り切ったほうがいい。時間は有限です。仕事で「会っておかなくてはいけない」人がいる場合には、「仕事」と割り切って済ませばよいので、ストレスを抱える必要もありません。

そもそも、会社員ではない独立起業家なら本来は「仕事」も選べるはずなのです。私は会社員時代にストレスフルな人間関係を経験しているので、独立してからは心地よいと感じる人としか仕事を一緒にしないと決めています。それでも特に問題はありませんし、むしろスムーズに進んでいます。もちろん、相手にも選ぶ権利がありますので、そこは50：50（フィフティフィフティ）です。

「シンプル思考」をするためには「自分はどうしたいのか」と自問自答してください。答えが出た後は、それを実行するための条件を決めていけばよいのでとてもスピーディに物事が進みます。迷って前に進めないと感じている方はぜひ実践してみてください。本当に自分のほしい答えが見えるはずです。

第7章 まとめ

●マインドが整った後は「行動」が成果の可否を左右する。

●事業の継続には、地道な作業の積み重ねが必要。

おわりに　～やらない人生よりもやる人生を～

私にとって本を書くことは、自分の人生を見つめ直すことです。そして本を書くときは、本を読んだ方が私の言葉で新しい人生のきっかけが得られるようにとの思いを込めています。

そして同時に、本を書き終える季節はいつも「別れ」がやってきます。離別・死別など、最後の仕上げを書いているときに何かしらの「別れ」が突然やってくるのです。

まるでその本を書く覚悟を私に試すかのようにその事象が現れます。そして、この事実を受け止めようとするときに一瞬思考が止まります。

起こっている出来事は誰が見ても、いつも一つなのです。そしてそれはその時の自分に起こるべくして起きていること。それを理解しようとしてもがき苦しみます。ただ、今回はある一つの考えにたどり着きました。

それは、

【起きている現象はただ一つ。それを不幸の目で見るか、幸福の目で見るかだけ】

ということでした。

だからいま、起きていることは不幸でも幸せでもないのです。なぜ本を書いているときに別れがやってくるのだろうと。そう思ったときに、きっとそのつらさを昇華して文章に落とし込むことが、すなわち同じ境遇にいる人にエールを送ることになるからなのではないかと考えるようになりました。


私の座右の銘は「一期一会」です。20歳ぐらいの時から、人に聞かれるたびにそう答えていました。「別れ」と「一期一会」はとても関連の深い言葉で、「その機会は二度と繰り返されることのない、一生に一度の出会いである」という意味から、私はその一瞬一瞬を後悔しないように生きようと思っています。

それでも誰もがそんなに完全な人生ばかりを送れるわけではありません。もちろん私も例外ではありません。

おそらく一般的には「別れ」が訪れたときに、一番後悔するのは「あの時こうしておけばよかった」という観念だと思います。もちろん、そういう時もあるでしょう。それでも起きたこと、うれしいこと悲しいことを「すべて感謝して受け入れる」ことが、自分の人生を後悔しないものにする思考だと思うようになりました。

「出会いがあれば別れがある」という言葉どおり、仕事をするうえであなたが何かを選択するときに別れがくるかもしれません。人との別れだけではなく、自分にとって慣れ親しんだ環境とか、大切にしてきた物なども含まれます。

人は環境を変えることに対してストレスを感じる生き物。だから現状維持をしたいと考えます。


しかし人生は一度きりです。

死ぬ間際に、「ありがとう」という言葉を言ってこの世を去れるか、そんな人生を送れるかが、私が「いまを生きる」基準になっています。

だから、あなたの成長のステージがくると、必ず何かしらの「別れ」が訪れます。人なのか物なのか環境なのか。そこにはきっと執着はないほうがいい。だからこそ瞬間のその時は、一期一会の感謝の気持ちで過ごす必要があるのです。

そしてその時間を愛すべき自分のためにまずは使ってください。幸せにするのはまず自分が最初です。その後に大切な人のために、あなたの時間を使ってください。

すると、自然とやらなくて後悔する人生よりもやる人生を選択できるようになります。

人生はきれいごとばかりではありません。もちろんそのなかには家庭や仕事も含まれます。人生の主役はあくまでも、個であるあなた自身であることを忘れないでください。

「星の王子様」の一節に王子様が「たいせつなことはね、目に見えないんだよ……」というシーンがあります。自分の心の声を聴いてみる。本当にやりたいことは？　母でもなく、妻でもなく、あなたがほしいと思う人生は？　自分の心に聴いてみる。そうするときっとシンプルに本当にほしいものが見えてくると思います。

本書は仕事のなかのとりわけ「成約」に特化したノウハウをメインに書いています。しかし、その仕事の成功の基準値はあくまでもあなた自身の幸福度になります。どんな環境でも、あなた自身が幸せを感じる気持ちの後押しができるなら、実はそこに本書が存在する意義があるのではないかと思っているのです。

そしてそのためには「やらない後悔」を排除する必要があります。私は自分の人生のストーリーのなかに「やらない後悔」をなくそうと思っています。だから〝飛常識〟な好奇心を小脇に抱えて【行きたい場所に行き、会いたい人に会う】と決めています。そんな私の気持ちのかけらを本書に詰め込みました。

人生実はとてもシンプルにできていて「やる人とやらない人」に分かれます。だから私はたぶん何度傷ついても何度転んでも、きっと立ち上がってまた前に進みます。そのほうがきっと人生は面白い。一度きりの人生です。

私はきっとこれからも飛び続けます。

あなたはどうする？

やらない人生から飛び立てる、〝飛常識〟な好奇心の翼をあなたに。

Special Thanks

本書を出版するにあたり、たくさんの方々に支えていただきました。

私の師匠でもあり、コンサルタントでもある株式会社ネット110経営コンサルタントの平賀正彦先生と株式会社アームズ・エディションコンサルタントの菅谷信一先生。経営塾でお世話になったキャンドルライト株式会社コンサルタントの藤村しゅん先生。

私の思いをくみ取りながら編集してくださった、合同フォレスト株式会社総合事業本部長山中洋二さま、出版制作室室長山崎絵里子さま。出版のきっかけを作ってくださった、書籍コーディネーターの有限会社インプルーブ小山睦男さま。本書の出版を心待ちにしてくださった、私の生徒さんとオンラインサロンのメンバーの皆さま。

おかげさまで、さらにパワーアップした「教室集客・成約の本」を出版することができました。

心からの感謝を込めて、お礼申し上げます。

最後まで応援してくださり、本当にありがとうございました。

“飛常識”な経営コンサルタント　高橋貴子

応援してくださったサポーターの皆さま（敬称略）

橋本麗子、金澤月子、湯浅智子、おおきもとようこ、平岡幹子、大浦沙智子、大下香織、青木恵美子、幸治里織、久保田ともみ、高橋教子、椿留美子、武内裕美、春原由子、庄原清香、林佳代子、山下ゆり、山口美穂、池田恵子、伊藤幸、坂井麻利江、壺井智子、五十嵐眞紀子、田中嘉代子、須崎桂子、筒井永英、海老原記志江、西野仁美、小田原小百合、藪内真紀、礒貝由恵、布恵、相澤知美、大田実、水谷格之、市橋求、杉原春仁、岡田剛、永江信彦、坂井和広、伊藤理、高野浩、小林大輔、近藤晃嗣、大串エスパー雅樹、大橋一友、木下なみ、南部愛子、大塚まひさ、小野塚順子、近藤篤志、小林友紀、市瀬日登美、那須しのぶ、小川裕子、上村真澄、杉尾杏、小坂朋子、井浦真奈美、井上智子、さいとうけいこ、徳本えり子、大根田裕一、福原真一郎、真柄周二、五島欣路、岡野達徳、加藤直美、本間修治、絹ヶ谷明頼

Profile

高橋貴子
（たかはし　たかこ）

株式会社 Libra Creation 代表取締役
“飛常識” な経営コンサルタント

2011 年から神奈川県横浜市で、七つの天然酵母を楽しむパン教室「アトリエリブラ」を主宰。他にはないオリジナルのコースで、全国から生徒が通う人気パン教室となる。前職はツアープランナー、インテリアコーディネーター、ブライダルバンケットプロデューサーなどを経験し、事業部長も務めた営業22 年のビジネスキャリアをもつ異色のパン講師。

パン教室運営の傍ら、自身の電子書籍のレシピ本をきっかけに、電子書籍の出版コンサルタントとしても事業を展開。ビジネスに活用する電子書籍出版を指導する。

その後、パン教室の運営実践データを元に、さまざまなジャンルの教室開業・集客コンサルタント事業を開始。

2015年に「Living 起業アカデミー」を開講。

2016 年に株式会社 Libra Creation を設立。

女性の自立と自宅教室開業を支援する。自由な思考で未来を創るビジネスマインドを伝える「“飛常識” な経営コンサルタント」である。


著書には『趣味から卒業！ しっかり稼げる自宅教室の開業・集客バイブル』（合同フォレスト）がある。

■株式会社 Libra Creation　https://libra-creation.co.jp/
■ Living 起業アカデミー　https://c-libra.jp/

組　　版　吉良　久美
装　　幀　吉良　久美
校　　正　春田　薫

黒字へ飛躍！
もっと稼げる自宅教室の集客・成約バイブル
〜理想の顧客を確実に獲得し、利益を2倍にする方法

2019年4月20日　第1刷発行

著　者　高橋　貴子
発行者　山中　洋二
発　行　合同フォレスト株式会社
郵便番号 101-0051
東京都千代田区神田神保町 1-44
電話 03（3291）5200　FAX 03（3294）3509
振替 00170-4-324578
ホームページ http://www.godo-shuppan.co.jp/forest
発　売　合同出版株式会社
郵便番号 101-0051
東京都千代田区神田神保町 1-44
電話 03（3294）3506　FAX 03（3294）3509

印刷・製本 株式会社 シナノ

ISBN 978-4-7726-6131-7　NDC 673　188 × 130